"茅舍槿篱溪曲"
"门外春波荡绿"
踏上回归精神故里寻古探幽的旅程，
感受乡土的温暖与润泽，
体味精神家园的馨香。

中国历史文化名城·名镇·名村丛书

中國歷史文化名街

福建

三坊七巷

中国民间文艺家协会 / 组织编写

总主编 / 潘鲁生　邱运华

本卷主编 / 曾章团　吴维敏　卢为峰

知识产权出版社
全国百佳图书出版单位
——北京——

# 邱运华

  传统村落保护是当下中国文化遗产保护工作中最重要的社会性课题之一。对于一个具有绵延五千年不间断农业文明的民族来说，传统村落能否得到妥善保护更是一个文明能否传承的关键问题。

  传统村落保护是当代社会发展的普遍问题，不独中国社会存在，西方发达国家存在，东方发达国家也存在。从世界范围看，这是一个国家从欠发达到发达、从农业社会过渡到工业社会、从以农村为主体发展到城镇化生活方式过程中普遍存在的问题。有学者把中国农村经济结构改造、社群建设、新文化建设和整体民生改善工作这一进程，追溯到 20 世纪 50 年代。但我以为，它毕竟不是我们现在所处的整体转向工业化、城市化进程中遇到的课题。中国社会同一性质的乡村保护课题，起源还是世纪之交的2003 年 2 月 18 日"中国民间文化遗产抢救工程"。2012 年 12月 12 日，住房和城乡建设部、文化部、财政部联合发布《关于加强传统村落保护发展工作的指导意见》，2014 年 4 月 25 日，除上述三部外又增加了国家文物局，联合发布《关于切实加强中国传统村落保护的指导意见》，两次重申传统村落保护的联合行动。冯骥才先生在 2012 年的一篇文章里把传统村落保护提高到文明传承的高度，我认为非常正确。中国社会各界对传统乡村保护的问题，有着非常积极的呼应。

  中国是发展中国家，但是从东部、南部和东南部区域看，具有发达国家的某些特征。农村人口从西部向东部、从村落向城镇转移，是1990—2010年最重要的社会现象，这一巨大的人口变迁集中表现为城镇人口急速膨胀、传统村落急速空心化，不少历史悠久的自然村落仅仅剩下老人和儿童。因此，传统村落的保护在中国面临的问题，与发达国家相比，具有共同性。例如，从"二战"后恢复到工业化时期，德国和日本先后进行的村落更新或改造项目具有几个明显特征：一是以激发村落内部活力、发展农村经济作为前提，以改造农村基本生活设施作为基础展开；二是村落更新或再造项目以土地管理法令的再研究作为保障；三是建立了学术界论证、公布更新或再造规划、政府支持的财政额度及投入指向、个性化改造方案与村民意愿表达的有效沟通机制，有效保护村落历史文化、自然风景、公共空间与私人空间等要素。综合来看，先行的国家特别注重传统村落的"民间日常生活"保存问题。

所谓"民间日常生活"的具体含义是什么？乃指传统村落村民群体的方言、交往方式、经济生产活动、衣食住行、生老病死、教育、节日活动、传统风俗、民间信仰活动以及区域性的传统手工艺活动等，以及上述种种的精神性、思想性、文化性、艺术性和物质性表现形态。长期以来，中国传统村落之所以成为民族文化的保留者和传承平台，核心在于保存着这个民间日常生活，它的内容和方式，在民间日常生活的基础上，方可承载不同样式、层次的民族文化。

之所以在这里提出将"民间日常生活"作为传统村落的文化基础问题，乃是因为看到目前对待传统村落的两种观点具有一定的欺骗性，并不同程度地主宰和误导了传统村落的基本价值指向。一种是浪漫主义传统村落观，一种是商业主义传统村落观。浪漫主义传统

村落观把传统村落理想化、浪漫化，仿佛传统村落是用来怀旧的，象征着一切美好的自然与人类的和谐，田园风光，日出而作，日落而息，男耕女织，像是《桃花源记》里的武陵源，"不知有汉，无论魏晋"。但是，这不是民间日常生活；民间日常生活还包含在落后生产力条件下的温饱之苦、辛劳之苦，是传统村落里百姓的生活常态；生产关系之阶级阶层压迫、政治强权和无权地位，以及在自然面前束手无策，在兵灾、匪患和种种欺男霸女面前的悲惨状态，甚至中华人民共和国成立以来出现过的政治压迫、思想禁锢和社会运动之灾，是乡村浪漫主义者无法想象的，而这，就是大多数传统村落的民间日常生活。文人雅士，在欣赏田园风光和依依炊烟之时，能否探入茅舍，去看看灶台、铁锅和橱柜，去看看大量农夫、农妇的身影，他们是否仍然饥饿、寒冷？或者他们的孩子是在劳作还是就学？商业主义传统村落观呢，则直接把传统村落改造成伪古典主义的模板，打造成千篇一律的青砖瓦房，虚构出一系列英雄史诗和骑士传奇，或者才子佳人和神异仙境的故事，两者相嫁接，转化为商业价值或者政绩价值，成为行政或市场兜售的噱头，这一行为成为当下传统村落"保护"的常态。这两种传统村落观，一个共同的特点是把村落与民间日常生活相割裂，抹杀了民间日常生活在传统村落里的价值基础，从而，也直接把世世代代生活于这一场景中的村民赶出村落，嫌他们碍事，妨碍了我们的浪漫主义和商业主义梦想；他们不在场，我们可以肆意妄为地文化狂欢。那些在民间日常生活中久存的精神性的、思想性的、文化性的、艺术性的符号，均不在话下。但是，假如村民不在场，社群活力不再，传统村落如何是活态的呢？西方哲学有一个时髦术语，叫作"主体缺失"，因为主体缺失，因而话语狂欢。

关注传统村落的村民，无疑是中国传统村落保护的第一要素。但恰好是人这第一要素导致了传统村落的凋敝和乡愁的产生。

1990—2010 年这二十年，一些区域传统村落里村民流动性的增强，特别是青壮年村民向东部、东南部和南部沿海地区季节性的流动，极大地影响了这些区域传统村落民间日常生活的展开，减弱了传统村落的社群活力，也相应减少了传统文化活动的开展。这样，构成传统村落民间日常生活的内容慢慢演变成淡黄色、苍白色，成为一种模糊记忆，抑或转化为一年一度的春节狂欢，最后，演变定格成为日常性质的乡愁。民间日常生活不再完整地体现在现在乡村生活之中。那个完整的民间日常生活，在我们不得不离开它的土壤之后，便蜕变为乡愁。乡愁这只蝴蝶的卵，就是民间日常生活。而伴随着乡愁这只蝴蝶而出现的，却是一个个村落日常生活不断凋敝、慢慢消失。乡愁成为我们必须抓住的蝴蝶，否则，我们的家乡便消失在块垒和空气之中，我们千百年创造的文化便无所依凭。然而，据统计，在进入 21 世纪（2000 年）时，我国自然村总数为363 万个；到了 2010 年，仅仅过去十年，自然村总数锐减为 271 万个。十年内减少约 90 万个。若是按照这个速度发展下去，三年、五年之后，我们的传统村落便无踪无影了。也就是说，出生和成长在这些村落而现在散居在世界各地的人们，将无以寄托他们的乡愁。若是其中有的村落有几百年、上千年甚至更久远的历史呢？若是其中有的村落有着华夏一个独特姓氏、家族、信仰和其他各种人文景观等等呢？

越来越多的学者开始从事传统乡村保护的研究工作，例如《人

民日报》2016 年 10 月 27 日发表了《老宅、流转、新生》为题的介绍黄山市探索古民居保护新机制的文章，还配发了题为《古民居保护，避免"书生意气"》的评论；《中国文化报》2016 年 10 月 29 日发表了题为《同乡村主人一起读懂文化传承》的文章，提出了"新乡村主义"的概念，在它的题目之下，包含有乡村治理、乡村重建和乡村产业化的多功能孵化等内容。为此，文章提出了"政府制定政策方向、标准化编列预算，聘请专家团队和 NGO 组织，进行顶层设计、人才培育、产业孵化和公共服务"四项基本措施，还配发了《莫让古民居保护负重前行》的文章。《光明日报》2016 年 11 月 15 日发表了题为《福建土堡：怎样在发展中留住乡愁》的报道，记叙了专家考察朱熹故乡福建三明尤溪土堡的过程；记者报道了残存的土堡现状，记录下专家们的意见：政府与社会资本合作的"PPP 模式"，面对乡村人口日趋减少的不可逆现实，应该吸引城市中的人回到乡村，将土堡打造为"民宿"，在不破坏现有形制的前提下，实现功能更新。也有专家提出，就保护而言，首先应该考虑当地人，人的利益是优先的，只有做到长期发展而不是只顾短期利益，文化遗产保护事业才能够持续发展，等等。

上述建议，已经超越了简单的乡愁情怀，而诉诸国家土地法规、资金筹措模式、专家功能实现等层次。应该说，在越来越深入研究、讨论的基础上，对传统村落保护的思路越来越宽了，为政府制定传统村落保护法提供了良好的基础。在国家立法的基础上，国家、地方政府组织专家开展普查，确认传统村落的级别，分别实施不同层次的激活、保护、开发，才有坚实的基础。

我理解，通过专家学者的普查、认定，得出的结论一定会有利于政府形成健全完备的保护方案和具体操作措施。一方面，对仍然有社群活力的乡村，实施新农村建设规划，改善其经济机制，改建生活设施，改善村民的生活条件，把工作重点聚焦到提高农业产业框架基础、为居民提供更好的生活环境、增强村庄文化意识、保存农村聚落特征上来。另一方面，为有着特殊文化传承却逐渐凋敝，甚至失去社群活力的乡村，探索一套完善保护的工作模式，形成一种工作机制，并得到国家法规政策的支持和保障，包括土地规划、投资体制、严格的环境保护，建立严格的农民参与机制等，为保留故乡记忆、记住我们的乡愁，留下一系列艺术博物馆、乡村技艺馆，产生具有独特价值的"乡愁符号"。

作为"中国民间文化遗产抢救工程"的重要项目之一，《中国历史文化名城·名镇·名村丛书》正是通过众多专家学者和民间文艺工作者辛勤的田野调查工作，在中国民协推动的"中国传统村落立档调查工程"所积聚的海量信息基础上，多学科、多视角地反映当下古城古镇和传统村落现状，发掘传统文化的独有魅力，进而为保护和传承优秀传统文化积累鲜活的素材，汇拢丰富的经验并寻觅科学的路径。相信这套丛书的出版将对古城古镇和传统村落的保护发挥积极作用。

2017 年 3 月

（作者系中国民间文艺家协会分党组书记、驻会副主席）

## 文化留根　历史留脉　时代留魄（序二）

# 王来文

　　八闽大地历史悠久，文化灿烂，传统村落资源丰富，形态多样。作为海上丝绸之路核心区的福建，自古以来，孕育了独具特色的朱子文化、闽南文化、客家文化、红色文化等鲜明的地域文化。在福建的青山绿水间，古村落、古民居和古建筑星罗棋布，甚多也甚广，这其中承载着传统建筑规划的经典布局美学，以及众多能工巧匠的精湛建造技艺，生动地展示了地域特色风情和古老八闽人民与自然和谐相处的传统生态文化。当然，伴随着历史前进的步伐，许多古村落的原生个性正在逐渐失去；不少传统村落还处于缺规划、缺管理的状况。寻找和保护乡土记忆，抢救和梳理古村落文化的脉络正成为一个迫切的课题，成为党和政府以及专家、学者、有识之士热切关注的话题。

　　党的十八大以来，以习近平同志为核心的党中央高度重视中华优秀传统文化保护。《关于实施中华优秀传统文化传承发展工程的意见》提出，加强历史文化名城名镇名村、历史文化街区、名人故居保护和城市特色风貌管理，实施中国传统村落保护工程，做好传统民居、历史建筑、革命文化纪念地、农业遗产、工业遗产保护工作。

2019年6月8日，《人民日报》重刊了习近平总书记在福建工作期间为《福州古厝》一书作的序，再次在全国产生热烈反响。这篇重要文献详细解释了古建筑的丰富文化内涵，作出了"保护好古建筑、保护好文物就是保存历史，保存城市的文脉"的重要论断，强调了保护古建筑、保护好文物与发展经济一样重要。福建古厝有福也有幸，多年来得到了习近平总书记的精心呵护和深切关爱。习近平总书记在福建工作期间，组织和推动保护三坊七巷这"半部中国近现代史"，推动保护鼓浪屿这座国家瑰宝，组织抢救万寿岩遗址这个"南方的周口店"，推动建立文化和自然保护体制机制。福建省委书记于伟国对建筑遗产保护工作提出了高要求：要全面加强保护古镇、古村落，留住历史的"脉"，突出文化的"魂"。新时代赋予了我们名镇名村保护发展的新使命，福建省文联按照省委要求，认真贯彻落实习近平总书记的讲话精神与指示，持续推进历史文化名城名镇名村和传统村落保护工作，努力实现文化留根、历史留脉、时代留痕，认真讲好中国故事、讲好福建故事。

中国历史文化名城·名镇·名村丛书

　　古村落的保护与发展是事关中华优秀传统文化传承与弘扬的基础工程，更是一项需要政府、社会、学界和村民共同参与的系统工程。每一座传统村落，都蕴含着当地的传统文化，体现了当地建筑艺术和人居空间格局天人合一的审美意象，反映了人与自然和谐共生的人文关系，我们希望越来越多的民间文艺家参与传统村落保护的研究和实践，能够不断地为传统村落的保护作出深刻、长远的发展规划总结。近年来，我们通过邀请专家实地考察调研、举办古村落文化遗产保护论坛、配合中国民协积极做好传统村落立档调查等一系列工作。在中国民协的带领下，福建省民间文艺家协会牵头组织专家编写了《中国历史文化名城·名镇·名村丛书》福建卷。这里，有栖居于其中的父老乡亲及他们坚守的耕读传家的家族精神、家风祖训、民俗风情，也有对古建筑群、祖庙宗祠的概述以及历史文化调查和史料收集整理等，我们从源流衍脉、建筑风貌、理学传承、民俗信仰、风味特产、民间文艺等各个方面，对当地传统村落文脉进行梳理。未来，我们还将继续做好福州、泉州、漳州、长汀等中国历史文化名城、名镇、名村系列图书的编写工作，持续对古建筑、古村落的现状建立相关的档案，向世人展现福建省深厚的历史文化底蕴、鲜明的地域文化特色以及优美的生态人居环境。我们有使命、有责任、有义务在推进古村落文化保护的道路上，发挥福建省民间文艺工作者的积极作用，贡献福建的力量。

2019年12月23日

（作者系福建省文联书记处书记、副主席、

福建省美术家协会主席）

中国历史文化
名城·名镇·名村丛书

中国历史文化名街

福建三坊七巷 ｜ 目录

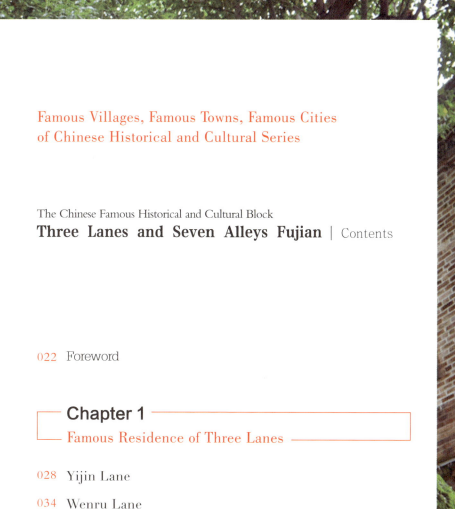

Famous Villages, Famous Towns, Famous Cities
of Chinese Historical and Cultural Series

The Chinese Famous Historical and Cultural Block
**Three Lanes and Seven Alleys Fujian** | Contents

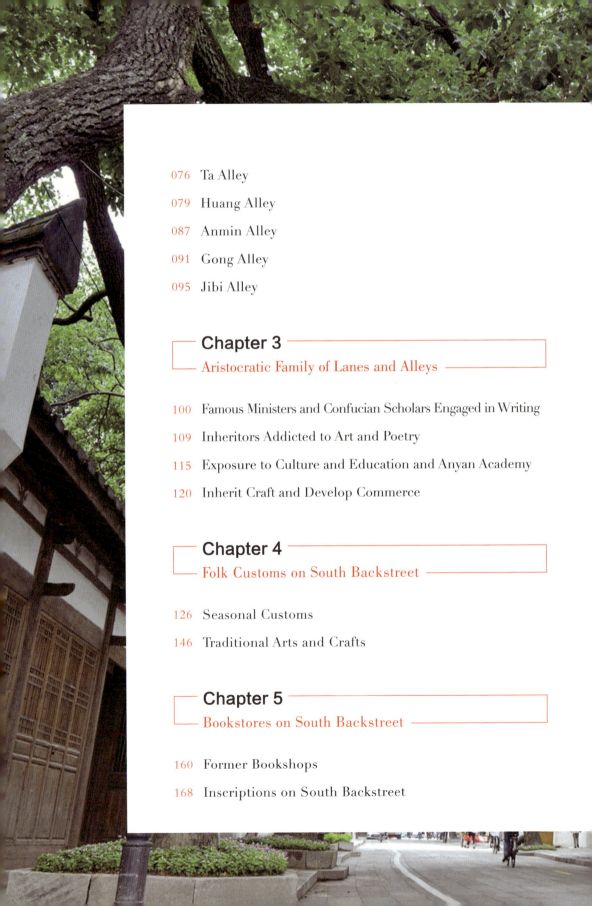

# 引 言

　　三坊七巷位于福州市鼓楼区中心地段，是福州历史文化名城中的闽都古街风貌核心区，也是福州历史文化名城的重要标志和亮丽名片。

　　三坊七巷起源于晋代，历经千年变化，遂成著名历史街区——在2009年首届"中国历史文化名街评选推介"活动中，获得"中国十大历史文化名街"称号。唐末天复元年（901），王审知修筑罗城时，扩大城池，参照唐都长安规制建筑坊巷府第，三坊七巷遂现雏形。历经宋、元、明、清各代发展而日益繁华。至清中叶以后，进入鼎盛时期，这里聚集了许多官绅文士的宅院。

　　三坊七巷建筑格局规整，经纬分明，许多古民居保存良好，素称"明清建筑博物馆"。南后街为中轴线，其西为"三坊"，其东为"七巷"。各坊巷的名称应始于宋朝，后屡有更改，至今从北到南，"三坊"依次为衣锦坊、文儒坊、光禄坊，"七巷"依次为杨桥巷、郎官巷、塔巷、黄巷、安民巷、宫巷、吉庇巷。这里基本保留了唐宋时期的坊巷格局，故又有"里坊制度活化石"的美誉。三坊七巷街区中有200余座古建筑，包括全国重点文物保护单位和省、市级文物保护单位等，它们是城市历史最为鲜活的记忆。这些建筑充分体现了三坊七巷地理人文优势，"休嗟陵谷湮池馆，且喜蓬壶近市廛"，古代文人借天然之景，营造天地，无论园林、庭院，还是花厅、假山，皆各尽其妙，亦如陈衍诗所道："移花种竹刚三径，听雨看山又一楼。"名居的环境优雅静谧，建筑构件多玲珑精巧，极尽园林之盛，可谓匠心独具。

三坊七巷名居的主人温文尔雅，都受过良好的教育，建筑呈现"深藏不露""外朴内秀"等特征，从一个侧面展现了中国传统文化内涵。在坊巷中，他们沉潜经史，悠游岁月，吟诗作画，逍遥诗酒，演绎传世佳话。

　　这里聚居许多文人学士、名宦显贵，尽多钟鸣鼎食之家。坊巷内文人多以读书为业，科举事业极盛。许多世家大族中人物的成就令人赞叹，功勋业绩使人艳羡。各家族才俊相承，世代簪缨不绝，他们或切磋武功，或以文会友，同赏风月。坊巷中屋宇栉比鳞次，遍布名居雅舍，散透着浓郁的文化气息。坊巷内衣冠甲于全市，名人修养甚高，多以风雅为习尚，时常结社联吟，传留诸多韵事。古代，许多名贤归休觞咏，幽栖藏修，以文事成就者不计其数。近代，坊巷中更涌现出一批开风气之先的人物。他们学养深厚，目光高远，面对变局，放眼世界。他们秉承"经世致用"的儒家宗旨，接纳西方文明，为闽都文化从传统向近代转型开启新的局面；"以天下为己任""崇文重教"的坊巷学人品质与精神，影响一代又一代人。坊巷人物共同创造了坊巷文化，使闽都历史人文更为深厚。

　　坊巷文化氛围成就了三坊七巷儒雅博大的气象，"人被诗书之泽，家传弦诵之声"，这些人物亦为三坊七巷书写了一段宏大历史。逝者如斯，"一时人物风尘外，千古英雄草莽间"，过往时光已流逝。当人们走进三坊七巷，欣赏街区繁华景象，了解古建名居的同时，须知它们保存着城市过往的信息，传承着名城的文脉，它们所蕴含的文化品格，影响至今。

三坊七巷鸟瞰图（陈景芳 摄）

　　三坊七巷地灵人杰、名人荟萃，据记载曾有两百多位历史名人居住在这里。所谓"地因人重"，历史名人是三坊七巷文化核心之一，构成了坊巷历史重要的一页。他们的事迹，流传广远；他们的智慧，启迪世人。坊巷中的"私家园林"多为文人参与营造，建筑设计体现了故居主人的品位，展现了他们的生活情趣与理想抱负，呈现出"天人合一""天工人巧"的设计理念。建筑气势宏伟，格调典雅，多数是明清老宅，保留了那个时代的建筑特点，有"明清建筑博物馆"之誉。

↓ 俯瞰三坊七巷（林振寿 摄）

# 第一章

# 三坊名居

## 衣锦坊

位于南后街西侧，地处三坊北端。宋代作"棣锦坊""禄锦坊"。清《榕城考古略》记载："宋陆蕴、陆藻兄弟典乡郡居此，名禄锦，后王益祥致江东提刑任，更名衣锦。"

衣锦坊西段南侧有洗银营巷，此巷原名"梯云里"，其名确有来历。清康熙年间，福州历史名人梁章钜曾就读此处的红玉斋和凤池书院。他的次子梁丁辰迁居巷内，并题一联云："银无可洗，云尚能梯。"坊内还有南北走向的柏林坊和黄朱园，以及东西走向的酒库弄，曲径通幽。它们的取名也各有来由。明代，福州人同朝为

↓ 衣锦坊口

官有"四林"，北林都御史林廷玉宅院在此，故名北林坊，清光绪初改为柏林坊，现大部分已拆毁。南宋淳熙年间，衣锦坊尾有江东提刑王益祥故宅，故名王厝园；中华人民共和国成立后，因福州话转音之故，渐称其为黄朱园。酒库弄则是因为巷中曾经有大酒库而得名，但早已拆毁。雅道巷位于衣锦坊北侧，中连酒库弄和大小水流湾。福州早期共产主义战士翁良毓住巷内旧55号。1923—1925年，他曾在此组织学生运动。大水流湾西通往会潮桥，因而又名会潮里，20世纪末坊额石刻尚存。古时因西湖、南湖潮水均通汇于此，所以有"水乡泽国之称"，今亦不复存在。庆幸的是，衣锦坊中郑鹏程故居、欧阳氏花厅等历史建筑依然古风古貌，这是历史留下的印迹。

### 郑鹏程故居

位于衣锦坊洗银营巷北侧2-16号，始建于清乾隆年间，光绪年间及民国初有修葺。故居坐北朝南，占地面积2375平方米。该建筑内部庭院结构工整完备，浑然一体，为清初福州典型建筑。

该建筑为土木结构，分为东、西两座，东为住宅，西为园林。东座住宅由门房、天井、花厅、书房、卧室、厨房等组成。大门外曾立有同治皇帝题赐郑鹏程之妻"贞寿之门"青石匾额牌坊。故居中有楠木楹联曰："里居邻夹漈，家学世司农。"

西座园林面积400多平方米，有太湖石堆成的假山，旁植竹木花草，十分茂盛。假山前有水池，久旱不涸。

建筑以封火高墙隔开邻座，内部各院落有月门相通。

↑ 郑世恭隶书八言联

↑ 郑世恭扇面书法

古典建筑有着深厚博大的人文思想，如两池、七井，寓"七星拱日月，两山镇乾坤"之意。插屏门额上嵌"福禄寿喜""松鹤延年""鱼跃龙门""富贵长春"四块木刻，皆寓意美好。

◇- - - - - - - - - - - - - - -

郑鹏程（1760—1820），字登衢，别字人蔚，号松谷，闽县人。清嘉庆元年（1796）进士，历官户部主事、员外郎及袁州、常德知府等职，任上实政惠民。著有《聊以补拙斋集》。

郑世恭（1820—1892），郑鹏程第四子，字虞臣，清咸丰二年（1852）进士，一生热心教育，造就人才甚多。同治五年（1866），时任闽浙总督左宗棠知道郑世恭品学兼优，于是延聘他为凤池书院山长。直至光绪元年（1875）止，郑世恭在书院主讲前后10年。光绪二年（1876），又应王凯泰之聘，任福州致用书院山长，至光绪十一年（1885）止，掌教该书院亦10年。之后，他又继任福州正谊书院山长数年，直至病卒。

- - - - - - - - - - - - - - -◇

## 欧阳氏花厅

位于衣锦坊中段南侧，坐南朝北，按东西向排列，为29号、31号、33号、35号。始建于清康熙年间。

光绪十六年（1890），由钱庄主欧阳璸与欧阳玖兄弟合资，从原房主子孙手中购置，并加以重修。这座宅院一直由欧阳氏后人居住。2006年，欧阳氏花厅被公布为全国重点文物保护单位。如今欧阳氏花厅的西侧座已开辟为"中国—东盟馆"。

宅院四周为封火墙。宅院由主座和隔院前、后两进花厅组成，坐南朝北，穿斗式木构架，双坡顶，高敞明亮，建筑面积2350平方米。首进正屋前廊后堂，面阔三间，进深七柱。中为厅堂，左、右为厢房，雕梁画栋，金碧辉煌。厅堂刻句云："莫作心上过不去之事，莫起世上行不得之心。"首进院落西侧的花厅是全宅精华之处，面积400多平方米，具有大、奇、精、巧等特点。主要由前花厅、后花厅、覆龟亭、书房等建筑组成。前花厅又称男花厅，后花厅又称女花厅，中间隔一扇墙，以小门相通。书房与客厅相对，进深35米。覆龟亭连接客厅与书房，亭两边设美人靠，地面铺斗底砖。后花厅廊前左、右对称位置各有一根吊柱，柱头等位置有牡丹花等雕刻，线条清晰，造型优美。

↑ 欧阳氏花厅

　　整座花厅共有20扇雕花房门、14扇雕花窗棂、15扇雕花隔扇，全用楠木精雕细刻，古色古香，相映成趣。花厅与书房均铺木地板，所有门、窗、壁板以及框架，全靠榫卯合成，不用铁钉及金属配件，关启自如，且多拼花、镶花，工艺巧夺天工，精致绝伦。

　　欧阳琛（1850—1926），号寿荪，闽侯竹岐乡人，年轻时与弟欧阳玖随父来福州钱庄学艺，后自办钱庄。曾收购英国人连

↓ 欧阳氏花厅

尼所开设福州第一家屈臣西药房。兄弟俩在城内和仓山大岭顶各开西药房，由欧阳瑛管理，他们妥善经营，生意甚好，收入可观。欧阳瑛生有14男2女，在临终前，把花厅分给四子欧阳勋。1948年，欧阳瑛后裔欧阳推自天津归闽，住在衣锦坊中的旧宅，直至去世。

↓ 欧阳氏花厅

# 文儒坊

　　位于南后街西侧，地处三坊中间，与安民巷相对。旧名山阴巷，宋代因闽学先驱"海滨四先生"之一的郑穆居住此处，改名文儒坊。宋淳熙《三山志》载："文儒坊，旧山阴巷，后改儒林。以郑祭酒穆之居改为文儒。"明代时，因兵部尚书张经居此，又称"尚书里"。

　　在衣锦坊与文儒坊之间有一条直巷，呈南北走向，南口在文儒坊，北口通衣锦坊，名为闽山巷，这里曾是明清时期福州庙会胜地。今巷北口西面墙中砌有"财福神龛"，供奉神明，成为人们祈福之所。文儒坊中段有东林里，因明代名宦林瀚居此，故名。林瀚

↓ 文儒坊口

故居前厅有"树神爷"神位。相传明弘治元年（1488）农历七月十三日子时，林瀚读书时树神显应，林起而跪拜。翌日，他请高僧指点，并谢神演戏。从此，农历七月十三日定为"树神诞"，此信仰久而久之形成民俗文化。文儒坊南，有一条幽静小巷，名为丰井营，又称井巷。此处原称甘液坊、甘液境，供奉甘液大王、临水夫人。《三山志》载："甘液坊，地名方井，即苏公井也。"巷中原有方井，为宋福建路提刑苏舜元所凿，后因"方""丰"福州话音近而转，清代改名为丰井营。文儒坊东口北墙上镶嵌有乡约碑，这是福州仅存的乡约碑，也是福州近代邻里间的"文明公约"。大光里是与文儒坊平行的一条小巷，又名三官堂。此巷不长，但名居毗连，如陈衍、何振岱等名人故居皆在此。坊中原来还有"打线营""三山驿"，这些地名故事都值得挖掘、讲述。

### 叶观国故居

位于文儒坊52号，坐北朝南，原为三进院落，今存一进，占地面积584平方米。

故居面街大门两旁有封火墙，中开六扇门，上施门罩。一进院落的厅堂面阔三间，进深七柱，穿斗式减柱造木构架，双坡顶，马鞍式山墙。

清乾隆四十三年（1778）春，叶观国迁居文儒坊打线营（闽山巷内），将

↑ 叶观国故居

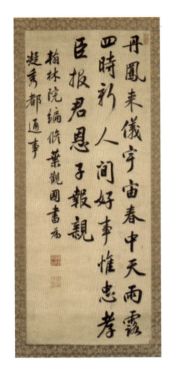

↑ 叶观国书法

↑ 叶观国《绿筠书屋诗钞》

此处修葺一新，开凿水池，植以花木。他新建藏书屋，并自号其居所为"绿筠书屋"。其《移居》诗曰："萧然家具杂瓶罂，白犬丹鸡也从行。婢料米盐心觉倦，奴擎囊箧意嫌轻。药炉茗梳安排审，竹簟藤床布置平。犹有夸张不贫处，缥函细帙架纵横。"叶家是著名藏书世家。范凤书在《中国著名藏书家与藏书楼》中说："闽县叶氏乃藏书世家，从叶观国开始连续五世藏书不断。"《福建图书馆事业志》载："闽县人叶观国及其后人叶申蔼、叶仪昌、叶滋森、叶大庄等世代藏书，累积达十数万卷，为清代中期一大人文景观。"

叶氏科甲连绵，仕宦相继，可谓朱紫盈门。其家族彪炳福建科举史，创下六世八翰林十二进士的纪录。之所以这样，很重要的原因是叶氏一门重视家教。叶观国曾作《新居示儿诗》一首，以教导儿孙。通过这首诗，可了解叶观国的清介品格。细读之下，亦可一瞥故居环境。其诗云：

我家荡析余，两世居赁屋。先君晚买宅，粗足布床褥。尔来稍改迁，小子忝窃禄。一徙通津衢，再徙九仙麓。闬闳虽渐高，坐处仍苦促。小斋一书榻，竟日驻义毂。炙面怪已羲，横肱辄遭触。悠悠思古人，游息恒自足。少陵号最贫，草堂有遗躅。昌黎亦穷士，南亭松果属。乐天较优饶，履道居早卜。东坡虽远谪，白鹤赋新筑。嗟我独何为，老死守踏跼。今春又西徙，近傍闽山曲。非为慕高华，庶以避炎燠。有楼敞可凭，有池清可掬。轩庭虽不大，颇亦莳花竹。同志三四人，谈啸慰幽独。喜余还窃叹，住稳转生恧。挟持竟何具，享此书一束。肯构要儿孙，传家惟诵读。此屋阅人多，世事如棋局。不见马家宅，作园在转瞬。不见郑公第，乃仗他人赎。勿嫌薨栋低，莫讶墼涂朴。堂堂宰相厅，旋马不为辱。况我官秩微，后人非太祝。所伤先子逝，不及奉休沐。

◇- - - - - - - - - - - - - - - - -

叶观国（1720—1792），字家光，号毅庵，乃福清高山叶氏第十六世孙，清乾隆十六年（1751）进士，选翰林院庶吉士，历官学政、翰林院少詹事等职。晚年专心治学、著述，著有《老学斋随笔》《闽中杂记》《绿筠书屋诗钞》等。其人为官操守清严，两袖清风，素有"儒林文人"之称，深为学界称道。

- - - - - - - - - - - - - - - - - - ◇

## 陈承裘故居

位于文儒坊西段南侧45、47号，坐南朝北。原为陈大煜宅，约在清咸丰、同治年间，其家道中落，后人将宅第售让给陈承裘之父陈景亮。1991年10月福州市政府挂牌保护，为"福州市代表性古建筑"。1992年11月被公布为鼓楼区文物保护单位，2005年被公布为省级文物保护单位，2006年被公布为全国重点文物保护单位。

↑ 陈承裘故居

↑ 陈承裘故居花厅

陈承裘故居宽26米，进深42米，占地面积1125平方米，建筑面积1003平方米。整体建筑分东、西两部分，内部相通，又各有封火墙间隔，结构布局合理、用材考究，"擅池馆之胜"，是为典型的诗礼官宦之家。1908年，陈承裘次女陈芷芳出资修葺、扩建，以旧宅为花厅，新建宅为正座，部件雕工精巧，十分气派。

西侧为主座（门牌47号），坐南朝北，两侧有高大封火墙。进宅有二重大门，头门临街，有六扇门，门额上高悬"六子科甲"横匾。入门为三间排门头房。迎面施插屏，屏后围墙高大，中辟石框门。入门后为大院，左右两边为回廊、披榭。建筑部件多刻制传统图案，线条优美，典雅大方。

大厅为穿斗式木构架，双坡顶；前廊后堂，卷棚屋檐。束腰须弥座青石柱础，琢磨光润，状若宫灯，四面雕刻梅、兰、竹、菊；正房楠木门四扇，门上部框架内施镂空窗棂，中嵌楠木花窗，分刻鼎、篮、爵、壶等古图饰。正厅上驼峰、斗拱等木构件，皆精雕细刻。厅堂中高悬"世进士"横匾。厅两柱悬挂阮元题联："皋陶谟具九德，濂洛学传八闽。"

穿过首进院落后为天井，即进入二进大厅。二进院落的正房面阔三间，进深五柱，高十米左右。二进厅堂分前后厢房，后天井分左右披榭。

三进大厅分为前廊后堂，卷棚屋檐，穿斗式木构架。左右厢房八扇门均用整块楠木板，以工笔手法分别阴刻"梅鹊争春""一路（鹭）连（莲）科""富贵（牡丹花）白头（白头翁鸟）"等八幅花鸟虫鱼图案，构图简洁、生动传神，生机盎然。全宅所有窗、门棚、框格皆饰镂花，展现了精湛的建筑装饰技巧。

主座东侧隔墙外（门牌45号）是陈家花厅与园林，玲珑雅致、曲径通幽，原称"梅舫"，此为陈承裘与其夫人张氏居宅，面积约300平方米。进门为小天井，迎面是小厅。北面建有 "天香楼"，是为花厅，面积约20平方米。楼前沿木栏杆设美人靠，借以凭栏远眺、临水照影。楼檐作小翘角，悬二根吊柱。楼上供奉仙爷，楼下为书斋。

阁楼南面是鱼池、小石桥、假山、半边亭等。假山石笋上，刻有"坐花醉月"等书法，半边亭在花树之间，亭上原题一联：

↑ 陈承裘故居内景

↑ 陈承裘故居内景

"室雅何须大，花香不在多。"从阁楼俯瞰，见桂花倒映鱼池，人称"月中桂"。假山南面有小廊通往书房。书房面阔三间，有清代状元王仁堪题的匾额"梅舫"，更有佚名者题联云："明月地三弓，疏影暗香留砚北；银灯窗八面，碧波画桨忆江南。"其门、窗、户、扇皆为楠木雕刻，纹饰高雅朴素，整体环境清幽雅致。有百年蜡梅一株，传为陈承裘手植，至今仍枝繁叶茂。院子中多盆景，花开不绝。后院有天井、回廊，小厅堂三开间，进深五柱。堂前为天井，东南角有一口井，青石井圈，情趣盎然。房后有小院，与西边主座通连。

今侧座花厅已作为画家画室，花厅墙上有一金框红底板，上书写陈承裘历任官衔，在六角宫灯照耀下格外耀眼。右侧墙边半边亭，清静幽雅，绿意盎然。倚径小石柱上篆书"濠濮闲意"。

◇------------------

**陈景亮**（1810—1884），字孔辅，号弼夫，刑部尚书陈若霖次子。清道光二十年（1840），应顺天府试，北闱获捷，赐进士出身，历任兵部员外郎、粮道、盐运使、按察使、布政使等职。为官治政清廉，驭军严整，政声颇著。有一次，某营兵牧马，马吃农民稻苗，他立即追责，并将负责人惩打了四十大板。在军中他捐资开办"商南药店"，使官兵无医疗之忧。

**陈承裘**（1827—1895），字孝锡，号子良，陈景亮长子，以孝著称。清咸丰二年（1852）进士，官刑部主事。其人不慕仕进，曾乞假事亲，随侍陈景亮。父子二人居文儒坊宅，前后40年。在福州，他敬恭桑梓，并鼎力纾解民困，帮助贫穷无告者。即便"举债累万金"，仍不改初衷。每至年关，他必走街串巷，时常慷慨解囊。陈氏家风世代相延，陈承裘督课子弟甚严，膝下诸子皆有功名，长子陈宝琛系"末代帝师"，对近代教育贡献甚大。

## 陈衍故居（匹园）

位于大光里8号。这座园宅构式布局全由陈衍设计。建筑物为木构，坐北朝南，四周封火墙，占地面积625平方米，建筑面积696平方米。1937年夏，陈衍病逝于此。2009年，陈衍故居被公布为省级文物保护单位。

陈衍年轻时居无定所，其妻萧道管说："愿筑楼数楹，竹梧之后，花树仰前。"直至陈衍到了"知天命"之年，才购买了文儒坊三官堂宅，后对房屋稍作修葺，在园中种树凿池，配以诗联字画，颇富雅趣，深得意境。1906年3月楼成以

↑ 大光里

后，他与妻子回到福州，曾记云："三月归里，于敝庐筑一小楼，正对乌石山。""小楼既成，楼前杂莳花木……有宅花树无数，数醉其下。"他借天然之景装饰自己的房屋。这样的居所，极易令人兴发诗意。他曾作诗二首，其一云："起楼看山宽五椽，承尘复壁相新鲜。乌石半面纳窗牗，苍秀在眼醒朝眠。"其二云："当户一山疑夏口，绕楼群木向春阳。盘飧近市何愁少，斗酒能沽不

定藏。"

↑ 陈衍故居内景

↓ 陈衍故居辟为"中华福馆"

　　入大门为第一进，长石板铺砌天井地面，左、右为披榭。正房原系清初所建的"五间排"木构平房，中为厅堂，左、右为卧室。厅堂插屏贴金瑞云纹，构件等皆雕刻精致，令人赏心悦目。1913年5月，在前厅西侧卧房前凿一小池。据《陈石遗先生年谱》记载："于所居石遗室前，开一小池，方广仅八尺，掘地二尺许，即得泉，倒涌而出，凿深至八尺止。作赋一首，逾千言。"西边靠墙，绿竹丛生。

小池南侧月门后有一小书屋，名曰月中。陈衍曾作《小池赋》，有句云："危栏仰岳阳之楼，斜楠趿黄鹤之翼。"他更作诗描绘小池景色，并表明心志："双圆水月一方池，三面栏杆绦绕之。老去填词风皱后，独居深念夜观时。求田问舍归湖海，凿石疏泉见井眉。十二竹竿凭照影，千言赋更七言诗。"

此池台曾盛名福州，还可通过时人的诗词、笔记来联想小池的景色。诗人郑容曾作《石遗室前新凿小池，诗以落之》云："石遗先生无不奇，闭门顷刻开方池。平生看瀑记多少，恋此勺水将何为？池上竹竿敲寒玉，斋头书卷明深绿。客来相对淡无言，不知有雅何论俗。微风初动波粼粼，无萍无藻无纤尘。晓起凭栏意自得，能使诗句生清新。频年世事困琐琐，安得时来一静坐。先生之乐似有云，不必观鱼但观我。"

陈衍的家仆张宗扬也曾作诗一首，生动描述此间景致："室前乙方庭，凿之得新泉。其底本古井，并掘两古砖。见池不见庭，回廊为之埂。为沟汇檐溜，雨时一瀑悬。中夜猛雨来，卧听疑开先。池上竹

↑ 陈衍故居内景

↑ 陈衍故居大门

夏寒，照泉尤娟娟。主人喜观水，眠食兹留连。主人喜拭竹，一拭
一青妍。编诗坐池上，挥毫临池前。绕池三面阑，照水双月圆。尚
当筑高台，登临尤快然。"

　　第二进原为空地，陈衍将其辟为小园，面积为267平方米。因
此地四周有墙，东北缺角，形似"匹"字；又因陈衍常自嘲为"鳏
居匹夫"，故将其雅名为"匹园"。匹园落成以后，林纾曾绘"匹
园图"并致诗祝贺。陈衍和云："敢云隐几日看山，只拟千忙博一
闲。联扁分书已坡谷，画图传本待荆关。谁知五柳孤松客，却住三
坊七巷间。循例吾家悬榻在，何妨上冢过家还？"园中景色清幽，
陈衍曾自题园联云："地小花栽俭，窗虚月到勤。"园中西北隅建
一座三楹双层楼阁——"皆山楼"。楼上为"花光阁"，帝师陈宝
琛亲书题匾。此阁曾聚书万余册，是福州著名藏书楼。阁周围种植
花木，所谓"移花种竹刚三径，听雨看山又一楼"。当时福州名士
曾聚此雅集，吟咏唱和。楼下是子弟课业之处，书声不断。园东北
隅有小屋两间，为随从人员住处。

　　第三进中原有一座"闻雨楼"，周遭有亭台池沼，植有梧桐、
白梅、蔷薇等花木，可谓典雅的园林建筑。这里曾是陈衍读书、接
待友朋之所。花光阁建成后，此楼改为印书场地，内有雕版数十
架。陈衍与妻萧道管在此校勘诗稿，常至夜阑更深。

　　第四进名"直园"，呈长方形，园南建一座三楹楼房，此系陈
衍1920年3月购买邻舍破屋辟修而成。楼北盛种花果，桃李芬芳，
梅竹其间。楼后为厨房、餐厅，是主人用餐之所。

　　今故居已辟为"中华福馆"。馆名由百岁老红军王定国题写。
红色大门上书写各种字体的"福"字，如同"百福图"，吉祥、喜

陈衍故居内景

庆。还有假山上的福字、印章上的福字、洗手台前的福字雕等，营造出独具特色的福文化。馆内收集陆上和海上丝绸之路沿线部分地区的物件，还有郑和下西洋的"福船"模型等。

◇------------------

陈衍（1856—1937），字叔伊，号石遗，侯官（今福州）人，近代著名学者、诗人、词人。自幼博闻强记，好学深思，自经史诗文、山经地志乃至财政经济等学，均有涉猎。早年生活在福州，后辗转于上海、武昌、北京等地。1908—1915年，任北京大学（京师大学堂）文科教授；1916年，受聘厦门大学文科教授；1931年受聘无锡国学专修学校教授。讲学南北，声誉颇著。晚年居家期间，主持编修《福建通志》。陈衍以诗闻名中国近代诗坛，是"同光体"闽派代表人物，存诗1300多首。他的诗仿唐宋风格，隽永清健、骨力雄奇，其中有反映社会现实题材作品，也有关心民情佳篇，还有山水、论学及交游之作。陈衍一生笔耕不辍，著作等身，有《石遗室诗集》《说文解字辨证》《说文举例》《尚书举要》《周礼疑义辨证》《伦理讲义》《石遗室论文》《考工记辨证》等。

↑ 陈衍像

------------------◇

## 何振岱故居

　　位于大光里21号，建筑面积525平方米。始建于清嘉庆年间，光绪及民国年间重建或修缮，后何振岱购此屋入住。1992年挂牌保护，现为福州市级文物保护单位。

　　故居坐南朝北，四面围墙，临街设宁波门（双开花隔扇门），上施门罩。宅院分前、后二进。第一进大厅面阔三间，进深五柱，双坡屋顶，穿斗式木构架，马鞍式山墙，大厅以插屏隔成前、后厅。二进主房屋为倒座三间排，房间紧凑合理。西侧有进框门，可入小花厅，系何振岱教授学生、会友论文之处。屋前庭院种植果树、花草。后面天井中种植红白两种梅花。传闻，其妻郑岚屏逝世时，红梅枯死；及何振岱老去，白梅亦枯。何振岱常在此读书、吟咏，一生以梅花自喻自励，安贫乐学。他曾自题书斋联云："定无后悔惟勤学，各有前因莫羡人。"故居后为其子何治平教授夫妇居住。

　　何振岱故居与陈衍故居仅几步之隔。四季交替，日月轮转，斯人已去，故居仍在。如今进门院落中摆放湛蓝色圆形水缸，金鱼潜游荷下。青石条台上的榕树盆

↑ 何振岱故居

↑ 何振岱故居内景

栽虬曲苍劲，似文人风骨。后院一方古井，仍有不绝活水。厅中一块"弘志堂"匾额，令人不禁心生敬畏，从而联想何老一生。

◇-------------------

何振岱（1867—1952），侯官（今福州）人，字梅生，号心与、觉庐、梅叟，是闽中名士。早年受教于名儒谢章铤。清光绪二十三年（1897）举人，三次进京会试，均落榜，后入沈瑜庆藩署。1915年，受福建巡按使许世英聘，主持重修《西湖志》。1916年主修《福建通志》，分撰"艺文志""列传"部分。曾坚辞日军"顾问"之聘，坚持民族气节。一生安贫乐学，靠教书鬻文

↓ 何振岱故居内景

为生。其弟子盈门，著名者有"福州八才女"。诗文俱善，且精书画、操琴，尤以诗词成就最高。其诗风深微淡远，疏宕幽逸，为"同光体"闽派诗人的殿军人物。陈衍曾肯定他说："语能自造而出以自然，无艰涩之态。"陈宝琛叹其诗文："大作清婉，读了口角生香。""大作平实坚致，循诵再三，无可增损。"何振岱为人古道心肠，一生乐善好施，反对裹足、收养弃婴、放生老牛等皆成坊间美谈。著有《觉庐诗稿》《我春室诗集》《我春室词集》《榕南梦影录》《心自在斋诗集》，编有《寿香社词钞》等。

↑ 何振岱《墨梅图》    ↑ 何振岱抚琴

## 陈季良故居

位于文儒坊19号。陈氏旧居原主人为明进士林先春。林先春（约1590—1670），字元圃，闽县人，祖籍福清。林归里后在此读书、著述，因居所植杞树（黄杨木），故取《诗经》"南山有

↑ 陈季良故居

↑ 陈季良故居一景

杞"，名"有杞堂"。故居内有天心阁，宅后为三官堂。林先春常在此与友人举行文酒之会。明崇祯十五年（1642）陈兆盛（浙江平阳陈氏，陈季良八世祖，林则徐母亲陈帙六世祖）购置。今大门外悬挂"林则徐母家故居"匾额。此屋几经易主，清康熙年间，陈氏后裔陈海萍购回后重建。

　　故居坐南朝北，四面围墙，占地面积1500平方米，建筑面积1233平方米。进门一进厅堂面阔三间，进深七柱，穿斗式木构架，双坡屋顶，马鞍式山墙，中间大厅，两边厢房。二进为倒朝房，面阔三间，但有部分改建。一进后天井西侧有门通次座。次座花厅原也是两进，现保留二进倒朝房。一进于1920年改建。当时陈季良回福州闲居，把次座花厅的北半部改建为红砖双层洋楼。洋楼坐北朝南，占地面积近300平方米，三间排，所有门、窗、壁板、地板，以至楼梯、椽板全用楠木；房与房之间的隔扇宽厚，隔音效果良好。楼下是会客厅，入门处悬"退思处"门额，两旁一副对联："竹里静消无事福，花间补读未完书。"

　　陈海萍购买此宅后，在"有杞堂"前营建"怡亭"，以寄寓同堂兄弟"居同里而皆耆寿，年虽老而心常惬"之意。其子孙聚居坊内旧地，世袭祖业，累世书香。此处风景清丽，邑人施邦镇咏云："庭生碧草水生萍，何处风吹不是春？"清代林滋秀《怡亭赋》中更细致地写出了这里的布局与环境："其地园池甚盛，楼台亭阁一应俱全。有称敬义堂者，为其厅事；有称有杞堂者，前庭建怡亭，堂后建因是亭；堂之上为天心阁，右稍北为见山楼；堂之前有一大池，池东南角有豁然亭；亭之北、池之东为有杞台，台之北为有杞园；临池西岸有屋二楹，曰雪舫。"

此处园林秀美，景物怡人。登上怡亭，视野开阔，遐观俯视，触目皆景。近处则见坊中景色，远望可将城中山色尽收眼底，于山、乌山、旗山、鼓山……这里的景色，如诗如画，文人们多寓情于景，寄托心中怀抱。施邦镇"怡亭四咏"（其三）云："小楼号见山，紫翠环周遭。闲来偶一登，便觉忘尘嚣。日居阛阓间，心地苦不高。结巢花树顶，大胜居蓬蒿。"《移居怡亭》（其一）云："不住名山与大都，怡亭恰与我相符。园多竹木皆仍旧，径少花枝始辟芜。朋辈欲来宁畏僻，酒家相近易从沽。生逢盛世安居乐，贫贱无须笑鄙夫。"

古怡亭今已不存，所可见者唯有其后人陈季良将军改建的怡亭。

◇------------

陈季良（1883—1945），著名抗日将领。曾任海军部中将副部长，1937年8月和1938年7月，分别率领海军舰队在长江上进行过两次对日空战。1919年，"庙街事件"震惊世界。当时，

↑ 陈季良像

陈季良将两尊舰炮和20余发炮弹借给苏联红军，用以攻击日本侵苏军队，自己因此受到日本胁迫，遭北洋政府处分，后革职还乡，赋闲养志。当时，他修葺陈氏故居，并重建双层红砖洋楼一座，又在楼前庭院设计六角亭，仍号"怡亭"，并亲题匾额。同时，在花厅题联曰："竹里静消无事福，花间补读未完书。"

## 蒙学堂（卢家祠）

位于文儒坊36号，座北朝南，清初由卢氏族人集资兴建，为穿斗式建筑。

据说，该祠原为五进院落，可谓深宅大院。光绪初年，后两进转手他人。现存三进院落，总进深约62.5米，宽19.5米，面积约1300平方米。全院的天井、大厅、回廊地面皆用花岗岩石板铺设，首进大门西侧界墙内还镶嵌一块"卢家祠私墙界"石碑。

卢家祠宽敞明亮，每进院落均为五间排大厝，且有大天井，门口为6扇大门，上首悬"解元"牌匾。进门左、右为木制门头房。门内天井，两旁回廊。首进五间排廊，悬挂"进士""文魁""拔贡"等匾额。大厅正中央梁上悬挂"卢氏试馆"金字横匾。穿过首进后厅，过石门框，迎面有插屏门。进门即见二进院落天井，两旁为披榭。此处有口深水井，井水清澈。二进大厅正中，有木制大神龛，内供木主牌位。清嘉庆二十三年（1818），该祠举行晋主仪式，迎入范阳卢氏县尹公（卢锡）等先祖以及捐资兴建者与其后代的木主；其后每年乡试时，都在祠院内举行祭祀活动。第三进正厅较浅，三进大厝有房三十多间，两侧以封火墙围护。

当时这里主要用于招待来福州赴考士子的食宿，因此称"卢氏试馆"。后来，有卢姓宗人在此居住、经商，因此又成为会馆。清末，我国报界先驱、启蒙教育家林白水与黄展云、黄翼云诸先生，在此创办"福州蒙学堂"，成为辛亥革命志士的摇篮，是宣传和弘扬民主革命传统的教育基地。学堂培养出一批叱咤风云、名垂史册

↓ 蒙学堂

↑ 蒙学堂旧影

的英杰，如林觉民、林尹民、陈更新等。

　　1958年私房改造时，卢家祠被收归国有。"大跃进"期间，南街人民公社在卢家祠办食堂。食堂取消后，这里一度成为装订厂厂房。再后来，居民搬出，改办成福州第九塑料厂。此后一进大门被拆除改建，第三进被火烧毁，只剩下第二进的木屋架尚存原来模样。

　　如今蒙学堂已修缮一新，并作为"丝绸之路电影艺术馆"办公用地。该馆设有丝绸之路国际电影节成果展厅、电影艺术展厅、沙龙区、艺术衍生品区、电影产业交流中心等功能区，是福州市第一个电影主题艺术馆。该艺术馆集电影展映、电影学术交流、多媒体艺术展示、社会教育等功能于一体，定期举办电影艺术相关的系列活动，是一个展示丝路沿线国家电影发展历程、传播电影文化的综合型艺术空间。

# 光禄坊

位于南后街西侧，地处三坊南端。因坊内有"闽山"，故旧名闽山坊。北宋熙宁以后改为光禄坊，沿用至今。宋淳熙《三山志》载："光禄坊，旧曰闽山。光禄卿程师孟游法祥寺，置光禄吟台，因以名之。"

光禄坊北边有两条短巷：一条为"早题巷"，俗称枣泥巷；一条为"机房里"，古代此处机房密集。光禄坊西南边是"米仓前"，以明初建常丰仓于此，故名。米仓前南面有"仓角头"，以地近常丰仓而名。仓角头曾以"花市"闻名远近，盛时这里的手工制花厂坊达三十余家。这里制作的工艺品不仅供应福州城妇女使用，还批发至八闽各地。仓角头西北处旧有"察院庄"，因明代为福宁道西察院街，故名。在察院庄西边，旧有"三十二门"，以其宅有三十二扇门而命名，黄花岗烈士陈更新故居也曾在此处。

↑ 光禄坊

## 林佶故居（朴学斋）

光禄坊28号、30号、32号、34号，今为"刘家大院"。此处原为清内阁中书林佶故居"朴学斋"。林佶之父林逊置有光禄宅第，值明清变乱之际，其家遭毁，只余旧屋三间。后故居数易其主，留

↑ 林佶故居——志在楼

↑ 林佶故居中假山

下了许多逸闻趣事。福州名儒魏秀仁《陵南山馆诗话》中记："陶舫饶亭台花木之胜，每招名流雅集分笺，殆无虚日。"

林佶归休以后，在光禄坊分别筑"朴学斋""陶舫书屋"。林佶自幼好学，博学能文。陶舫书屋是他藏书之所，书楼庋藏宏富，据说有藏书十余万卷。他将居处命名为"朴学斋"，有其历史因由。其《朴学斋自记》云："佶之从尧峰先生游也，先生赠诗云：'区区朴学待君传，还乡勿厌专耕读。'……以先生之训不可忘，乃请以朴学名斋，先生慨然属笔。"林佶对居所环境颇为得意，"朴学斋"新成之日，他援笔写道："当门有竹径无花，新结茅斋倚树斜。广设陈编净扫地，冬烘颇复称贫家。"

后来福州文人冯缙入居陶舫书屋，并修缮一新，暇日与诗友吟咏其中。清道光元年（1821）春，林则徐回乡探亲，曾应冯缙邀请，到此饮酒赋诗。林则徐作《陶舫诗二十韵为冯笏骈孝廉赋》以记其事，诗云："冯君招我文字饮，遗迹流传话畴昨。诛茅归傍光禄台，自署巢居号栖鹤。朴学斋联兰话新，忽在楼中醉星落。"林则徐与冯缙在新修的兰话堂中饮酒歌诗，其友谊于斯可见。

后来，房屋又易其主，陶舫书屋与朴学斋被刘照（刘齐衢、刘齐衔祖父）购得，并进行了改造。藏书家龚易图也在陶舫书屋居住过（其妻系刘齐衔之女）。《龚易图自订年谱》中载："（光绪五年（1879）己卯，四十五岁，迁居光禄坊屋，营葬事。"其有诗云："文史三冬好自储，二分水竹近新居。绝怜陶舫孤松老，十万牙签走蠹鱼。"后来他为环碧轩池馆所题楹联中也提到陶舫书屋云："骖园啖荔，陶舫听松。"

↑ 林佶故居中假山

现代著名作家郁达夫与妻子王映霞曾借居此处，现故居中设置有"纪念室"一间，古色古香的木制房间里摆放着民国照相机、留声机等器物。

如今这里已辟为"三坊七巷名人家风家训馆"，弘扬中华优秀传统文化。

↑ 朴学斋匾额

该馆曾获得"全国家族教育创新实践基地""福建省家风家训乡贤文化馆""福州市家族建设示范基地"等荣誉。

◆------------------

林佶（1660—1731），字吉人，号鹿原，侯官（今福州）人。出身世家，世以《尚书》相授。清康熙三十八年（1699）举人，以献诗受康熙赞赏。康熙五十一年（1712）特赐进士，授内阁中书，专理御制文字。雍正元年（1723）被谗罢官，不久放

↑ 林佶书法

归。著有《朴学斋诗文集》《焦山古金鼎诗》《汉甘泉宫瓦记》《全辽备考》等。其人嗜书成癖，为藏书不惜变卖家产，家亦由是愈贫，荔水庄地半属他姓。据载，其藏书多达十几万卷，其中不少是谢肇淛等人旧藏，可谓缥缃充栋，当时"徐乾学锓《通志堂经解》，朱彝尊选《明诗综》，皆就传钞"。林佶不独以藏书闻名，其书法在清初书坛，亦足名家。史载，康熙四十五年（1706）九月，皇帝北游归驻跸密云县时，林佶曾献诗及手书《御制诗集》二函，交随驾诸翰林进呈。康熙帝过目后，命查昇等对其进行考察。查昇对其书法、诗文击节叹赏，后引荐林，"随命在武英殿办事，再写《御制文集》一部"。林佶所缮写的书籍，为当时工楷锓梓代表作品，备受推崇。

冯缙，侯官（今福州）人。清嘉庆三年（1798）举人，其人好为诗，喜刻书，著有《陶舫枣窗拾慧》等。冯缙入居此处后，感叹流光易逝，曾作诗感叹云："园亭如传舍，偻指几番更。已得骚坛主，重传圣地名。"

## 黄任故居

位于光禄坊北早题巷（旧称早题里）3号、5号。宅院建于清代，原为三座毗连，占地面积815平方米，现存约200平方米。原为明许友"墨庵"旧址，后由黄任入住。1991年，黄任故居由福州市人民政府挂牌保护。

清雍正九年（1731），黄任因被诬劾"纵情诗酒，不治民事"而挂冠返乡。回福州后，仍住此处，并重修宅院，黄任曾题诗句称："双院书声深巷合，一门山色对楼分。"

↑ 早题巷

该宅院朝东开门，宅院四周有封火墙。花厅为双层楼结构，坐西朝东，两面回廊，中间天井，天井后为二层楼。正座坐北朝南，面阔三间，进深七柱，穿斗式木构架，单脊双坡顶，马鞍式山墙，前廊宽广，西侧朝南为披榭。据相关资料记载，此处"庭前环植兰蕙，所居三楹，花竹秀野，图史纵横，饮馔裙屐间，具有雅人深致"。因庭植兰蕙，故黄任以"香草"名其斋。

黄任家居清贫，独喜藏砚，曾珍藏古砚十方于斋中，遂题名为"十砚斋"。福建巡抚赵国麟觊觎其砚，黄任割爱让之，并作诗称："岩穴何缘到玉除，十年曾此伴穷居。"黄任风骨颇高，操守谨严，人品高洁，无所干求，平日坐卧斋间，吟诗作书，为藏砚制款裁铭，如是者数十年。有诗咏曰："一间老屋大如斗，老夫半间花半间。重檐落日雀声晚，人与黄花相对闲。"早题巷虽途径深幽，但人多慕名而访，故香草斋门前车马络绎不绝，名公巨卿过闽，亦多有折节造访者。

清嘉庆年间，香草斋为林轩开所有，林之友人周嘉璧有贺诗称："香草犹留名士韵，小斋好读古人书。"林轩开平日在此与友人梁章钜、冯缙、郑鹏程、杨庆琛等诗文唱和，韵事仍续前贤。

↑ 黄任故居内景

↑ 黄任故居内景

清同治元年（1862），何履亨之父购得此宅，何履卯、何履亨兄弟居此二十余年，光绪九年（1883）重修。林觉民殉难后，其妻陈意映曾迁此避匿，居住于两层楼内。1936年春，郁达夫来榕，也曾赁居于此。后此宅为陈贻亮、陈明锵所有。悠长的早题巷，百年前的青石路，留着时光的印记。故居中环植兰蕙，花竹秀野，图书纵横。逝者如斯，许多事都已消逝无踪，或许我们从前人的题诗中，还能触摸到几帧前尘旧影。叶观国《题黄明府心庵同年课儿图小像三首》（其一）云："香草斋深重扫除，高梧修竹影扶疏。柴桑归后无余事，散帙时还读我书。"王德愔女士作《中秋有感》，诗咏"十砚斋旧居"云："往事云烟念未休，少年趣味在酣游。闲穿小巷数家屋，最爱灯前古玩幽。"

◇- - - - - - - - - - - -

黄任（1683—1768），字于莘，又字莘田，永福（今福州市永泰县）人，清康熙四十一年（1702）举人，为官清廉，工诗擅书，喜藏砚。其诗作历来备受推崇，一时冠冕闽中，在清初诗坛颇负盛名。清代著名文学家袁枚曾在《随园诗话》中评价其诗，曰：
"诗有音节清脆，如雪竹冰丝，非人间凡响；皆有天性使然，非关学问。在唐则李青莲一人，而温飞卿继之。宋有杨诚斋，元有萨天锡，明有高青丘。本朝继之者，其唯黄莘田乎？"由此可见对其诗作评价之高。黄任一生爱砚，在粤时"倾资求购，藏石颇多"。康熙五十七年（1718），他曾携石至扬州，请制砚名手顾二娘为其制作青花砚，并作诗相赠。他自小受到书香世家文化濡染。其父黄湛，系闽中著名书画家许友之婿，工诗书并擅长绘画。黄任自幼跟随外祖父学习诗文书画，又常向居于东邻朴学斋的林侗学书，其后又得"长洲汪退谷授以笔法，而书益工"。但他的书艺被诗砚之名所掩。梁章钜"每遇先生（黄任）遗墨必收"，其《退庵金石书画跋》说："（黄任）以诗名于书法，非所注意，而信手挥洒，自有晋唐风架。与同时林吉人、谢古梅、周瑞峰诸君子较量腕力，实未易轩轾其间。"谢章铤也曾收藏黄任手抄《崖州志》一书，评论他的书法"笔笔出入欧柳"。

↑ 黄任画像

↑ 黄任行书七言联

中国民间
文化遗产
抢救工程
THE PROJECT TO CHINESE
FOLK CULTURAL HERITAGES

　　那几条幽深的古巷中，曾居住过许多历史名人，留下许多韵文雅事。行走长巷中，寻访那座古建筑，了解其背后的故事，经历一场文化体验，那是一种精神之旅。古巷中的建筑，独具中国韵味，灰墙黛瓦、朱门铜环，以及飞檐、马鞍墙……故居中镂雕窗棂、亭池假山与建筑构件无不精致典雅，细看灰塑彩绘，精彩的人物故事与富含吉祥寓义的图案，如同一幅幅风俗画卷，吸引着人们的目光。这些建筑极具艺术观赏价值，令人流连忘返。

↓ 小黄楼

# 第二章
# 七巷名居

# 杨桥巷

位于七巷最北端。南宋时称"登俊坊"。以其西通杨桥，故俗称杨桥巷。民国时期，改称杨桥路。

清代后期，这一带形成商业区，有沈绍安脱胎漆器店、马总铺皮箱店、万福来皮箱店等十数家店铺。民国时期，杨桥路西段成为银行区，有中国银行、福建银行、交通银行及多家小银行和钱庄，"台湾林"财团的林熊祥宅院也在这里，因而民间称之为"财神街"。

巷内有李延平祠，原巷末北侧有钟山大中寺，还有马森钟丘园、沈绍安故居、郭柏苍故居、叶祖珪故居、郑锡光宅等，以及登俊境的祠庙，民友书局曾设在其中。如今许多宅第早已无踪。

## 林觉民、冰心故居

位于南后街与杨桥路交会处，杨桥东路17号。故居曾因几经拓路与改建，而改变了原有格局。1983年被公布为市级文物保护单位，1996年被公布为省级重点文物保护单位，2006年被公布为全国重点文物保护单位。

故居始建于清代中叶，原为林觉民祖上（福州凤池林姓一支）大宅。林觉民曾祖父林振高，曾任县学训导，后入居此宅院。林家在此已住数代，林长

↑ 林觉民、冰心故居

民、林尹民与林觉民乃同一曾祖的堂兄弟，至林觉民时，其父辈有七户人家聚居于此。

故居为穿斗式木构架，双坡顶，四面有封火墙。大门墙外为门斗房，内部由主座、跨院、花厅组成。主体建筑原为三进，左、右两旁还有多座自成院落的房屋，每个院落均有天井、水井。现存两进。

林觉民与妻子陈意映住在西南隅一厅一房，坐北朝南，进深五柱。南面有小天井，正朝卧房窗门口。北面为厨房，今凿池一口，周植花卉。东北角有一小门通二进厅堂。林觉民在《与妻书》中曾写

↑ 林觉民、冰心故居内景

道："回忆后街之屋，入门穿廊，过前后厅，又三四折，有小厅，厅旁一室，为吾与汝双栖之所。初婚三四个月，适冬之望日前后，窗外疏梅筛月影，依稀掩映。吾与汝并肩携手，低低切切，何事不语，何情不诉？至今思之，空余泪痕。"其住处有东门可通往"紫藤书屋"。林觉民曾在此办女学，动员妻子、弟媳及堂妹等十余人入学。

1911年4月，林觉民参加广州起义殉难后，林家遂将此房卖给冰心祖父谢銮恩。1911年10月，冰心随同父母从烟台回乡后即住大院内。冰心晚年在《我的故乡》一文中回忆："这所大房里，除了住人的以外，就是客房和书房。几乎所有的厅堂和客堂、书房的柱子上、墙壁上都贴着或挂着书画；正房大厅的柱子上有红纸写的

很长的对联。"

　　走进这座宅院就能看到林觉民烈士像，其身后白墙上镌刻"为天下人谋永福"，为其手书。馆中介绍他的成长历程，分为"摒弃功名""立志报国""馨烈千秋"等板块，利用现代化"声光电"的形式，生动地介绍了林觉民从"少年不望万户侯"逐渐成为革命党人，最后舍身成仁、名扬九州的事迹。进入后花园是林觉民夫妇塑像，再现夫妻恩爱的生活场景。而故居中当年冰心祖父藏书与读书的紫藤书屋也布置一新。著名文史学家卢美松为这处故居写道："同一片屋檐下先后走出两位大写的人，一位为砸烂旧世界而英勇赴死，一位为建造大爱屋而毕生从文。一位秉血荐轩辕的男儿志，投绝笔为檄。一位为照亮人类的生命

↓ 林觉民故居中展览

路，举橘灯为炬。前者觉民为有牺牲而永生，时年廿四岁。后者冰心为有爱心而长寿，享年一百岁。"

◇- - - - - - - - - - - - - - - - - -

林觉民（1887—1911），字意洞，号抖飞，又号天外生。清光绪二十八年（1902）入全闽大学堂学习。光绪三十二年（1906）毕业于福建高等学堂，后东渡日本求学。1911年接同盟会总部命令，回福建组织"选锋队"，召集革命志士。1911年4月27日，参加广州黄花岗起义，中弹被捕，数日后在广州天字码头英勇就义，为"黄花岗七十二烈士"之一。黄花岗起义前三天，林觉民在香港滨江楼挑灯写下著名的《与妻书》和《禀父书》。一封《与妻书》，感动千万人。"我不负天下，独负卿一人。"十八岁的林觉民遵奉"父母之命，媒妁之言"迎娶了同样出生于书香门第的陈意映。虽属包办婚姻，但林氏夫妇感情融洽，琴瑟和鸣。

冰心（1900—1999），原名谢婉莹。诗人、翻译家、作家、社会活动家，被誉为"文坛祖母"。她是新文学运动的元老、二十世纪中国最杰出的文学大师之一，更是一位大爱的践行者，她的一生都在向人间撒播爱，温暖了一代又一代人。她的写作历程，显示了从五四文学革命到新时期文学的中国现当代文学发展的伟大轨迹。她开创"冰心体"的文学样式，进行了文学现代化实践。其影响超越国界，作品更是被翻译成各国文字，得到了广大读者的赞赏。

- - - - - - - - - - - - - - - - - - - - ◇

紫藤书屋

林觉民塑像

林觉民、冰心故居内景

为天下人谋永福

林觉民、冰心故居内景

窗外疏梅筛月影
依稀掩映
吾与汝并肩携手
低低切切
何情
何事

林觉民、冰心故居后院天井

↑ 郎官巷口

↑ 二梅书屋

# 郎官巷

位于南后街北端东侧。此巷古称"延福里"，宋咸平五年（1002）刘若虚登第，改称"荣亲里"；后以"刘涛子孙皆为郎官"，故名郎官巷。晚清爱国诗人张际亮《述旧绝句》云："郎官巷古半乡人，天后祠前记此邻。"

在郎官巷居住过的历史名人还有声名远播的"海滨四先生"之一的陈烈、戊戌变法"六君子"之一的林旭等。郎官巷中段原有一座孝子坊，抗日战争期间被拆毁，坊顶"孝子"二字尚留，嵌于坊墙间。郎官巷至今存留明清古建筑十多座，天后宫、绥安会馆、上杭蓝氏祠堂、南阳陈氏宗祠等坐落其间。林星章"二梅书屋"和严复故居，精致典雅，是不可多得的传统古名居。

## 林星章故居（二梅书屋）

林星章故居贯通两巷，位于郎官巷南侧25号，占地面积2900平方米，建筑面积2434平方米，是福州最好的大型古民居之一。始建于明末，清道光、同治及民国时期有过几次大修。1992年，福州市人民政府挂牌保护，后被公布为鼓楼区文物保护单位。2005年，被公布为省级文物保护单位。2006年，被公布为全国重点文物保护单位。

该建筑坐南朝北，四面封火墙，房屋结构布局合理，功能齐全，装饰典雅别致，气派宏大。东、中、西各为三落，共五进，各进之间有围墙相隔，过道露天处都有覆龟亭遮雨。墙头灰塑、彩绘纹饰等工艺皆精美。门扇、窗扇、壁板等全用楠木制成，窗棂用细木条拼组成各种纹饰，构件多精雕细刻。

宅院设双重大门。第一重朝街，有楼檐，六扇大门。原门额中悬"进士"匾，蓝底金字。第二重大门为门头房，中间为小厅，两侧为耳房。进门后从天井上三层台阶，为第一进厅堂，面阔三间，进深七柱，厅前长廊，可排六顶大轿。正间用彩金插屏门隔成前、后厅。第二进建筑与首进基本相同。第三进中有书斋、佛室，还有五间库房，当时分别陈放米、菜、酒、柴火及工具等。

第四进即"二梅书屋"。屋前原有林星章手植两株梅树，因此得名"二梅书屋"。但当时的梅树早已消逝，今为重植。书屋原为林星章读书之处。书屋坐北朝南，临街为塔巷。大门为宁波门，上施单坡顶门罩。门后为石框大板门。屏门内

↑ 二梅书屋一景

有三面回廊、天井。庭院内有藏书室、书房等。书屋东侧装饰灰塑雪洞，洞顶饰北斗七星状，故名"七星洞"，分别通连一、三进。园内还有假山、亭子。第五进为花厅，三开间，所有门、窗、壁板皆用楠木制成，门窗为双层镂花。厅前小花园有鱼池、假山，生动反映了主人的生活志趣，体现了文人雅士修身治学的特点。

今福建省民俗博物馆即在故居内。馆中装饰古雅，花厅两侧陈列着20面老隔扇，隔扇上用各种书体呈现名篇佳句，如《归去来兮辞》《五柳先生传》《兰亭序》《滕王阁序》等。赏读这些书法作品，仿佛置身于当时主人与宾客吟诗作对的情景中。花厅旁百年荔枝树，亲历着这座老宅的过往，也见证着世代沿袭的福建民俗文化。墙上的福州歌谣《中秋摆塔》写道："白石白又滑，搬来白石搭白塔。白石搭白塔，白塔白石搭。搭好白石塔，白塔白又滑。"这让人联想到曾经生活在坊巷中的人们，每逢中秋摆塔时其乐融融的场景。

林星章（1797—1841），侯官（今福州）人，字景芸，又字锦云，号古畲，著名方志专家和教育家。清道光六年（1826）进士，入翰林院，历任广东石城、新会知县，署理龙门、茂名县知县，化州知州，后任广东乡试同考官等职。道光年间曾主持编修《新会县志》《广东通志》。

## 严复故居

位于郎官巷20号，占地面积609平方米。2006年被公布为全国重点文物保护单位。此故居一说为当时福建省督军兼省长李厚基为严复购置。严复晚年回福州后，居住在这里，直至1921年病逝；一说为严复一家租住"刘家"（刘冠雄）的房子。

故居大门上施门罩，雕饰考究；门斗两侧为山墙，山墙两侧接连围墙。现左、右厢房作为严复生平展览陈列室使用。花厅在主座西侧，北部为二层楼：楼上卧室，楼下为书房、客厅，现已辟为严复及其儿孙的展览陈列室。

据相关资料记载，严复于1919年元月为三子严琥娶妻，带病从京返闽。儿媳林慕兰为台湾板桥人。由于林氏不愿在严复老家仓山阳崎居住，故"新妇归宁，觅居在郎官巷"。严复后来也搬到郎官巷居住。严停云在《吾祖严复》一文写道："那是第一次祖父在福州定居，地点是郎官巷，是母亲娘家杨桥巷的邻巷。这时母亲回娘家，从严家大门走到林家的后门，距离不过两三丈，祖父三年后便逝世在这幢宅第里。"由于严复在此居住时间过于短暂，我们很难知道当时在故居中都发生过什么事，但可通过一些零星的资料，去捕捉几张画面。

↑ 严复故居

↑ 严复故居内景

当时严复重病在身，其言："还乡后，坐卧一小楼，看云听雨之外，有兴时稍稍临池遣日。"其日记载：1919年1月21日，"在郎官巷病发，几殆。美医金尼尔来"；1919年5月下旬，严复和夫人朱明丽离福州郎官巷宅第到上海就医，并于10月16日回到北京；1920年2月20日（正月初一），严复长孙觐祖（以侨）在这里出生；1920年10月19日（九月初八），严复与次女严璆离开北京，返闽避寒。

1921年10月27日，严复逝于郎官巷寓所，在生命最后一息，他语重心长而又言简意赅地表达了对后辈、对家人的教诲。他手书六条遗嘱，以示后人。第一，"须知中国不灭，旧法可损害损益，必不可叛。"第二，"须知人要乐生，以身体健康为第一要义。"第三，"须勤于所业，知光阴时日机会之不复更来。"第四，"须勤思，而加条理。"第五，"须学问，增知能，知做人分量，不易

↓ 严复故居内景

圆满。"第六，"*事遇群己对待之时，须念己轻群重，更切毋造孽。*"这些语句集中地体现了他的处世思想和人生态度。

今严复故居已开辟为展馆，主厅和左、右厢房的展览，让人对严复的人生历程有更直观的了解，对其学术有更深刻的认识。

◇------------

↑ 严复像

严复（1854—1921），侯官（今福州）人，曾名宗光，字又陵，入仕以后改名复，字几道。严复是"中国近代文化思想史上里程碑式的巨人"，梁启超称赞严复"于中学西学皆为我国第一流人物"，毛泽东曾称赞他是"中国共产党出世以前向西方寻找真理的一派人物"之一。他一生秉持"文之高下存乎气，法无新旧惟其时"的文化自信，严谨治学，追求真理，致力于宣传科学和民主思想，引进《天演论》《原富》等西方科学名著，创立"信、达、雅"译学理论，并首倡以"法治"代替"人治"的先进治国理念，提倡"鼓民力，开民智，新民德"的全民素质教育，对后世产生深远影响。

严复是福建走出的英才，成才渊源有自，平生天资聪颖，少年向学，求知船政学堂，出类拔萃；问学英伦三岛，苦读穷研。学贯中西，才兼文理；于学无所不窥，为文精美有致。曾任福州船政学堂教习、北洋水师学堂总办、上海复旦公学校长、安徽高等学堂监督、北京大学首任校长等职。著作等身，汇为《严复全集》，2015年由福建教育出版社出版。

------------◇

↑ 塔巷口

# 塔巷

位于南后街东侧，郎官巷之南。此巷旧名"修文巷"，从北宋到明代有"兴文巷""兴文坊""文兴坊"等名。明王应山《闽都记》称："文兴坊，旧名修文，宋知县陈肃改今名。俗呼塔巷，以闽时建育王塔院于此，今废。"

在今巷口牌坊上仍可见到一小塔，这个遗存讲述着一段历史故事：当年，王审知部将为祈文运昌盛，在巷北募建塔院。塔巷内人家以文励志，以孝尽心。巷中旧有"旌孝坊"，旌表明弘治年间孝子高惟一。高惟一孝行为世人所钦慕。明罗伦有《赠高孝子惟一》诗云："三年蔬水如君少，一片天然孝子心。昨夜三山明月照，不知甘露洒幽人。"在塔巷地域范围内曾办过福州闽书报社、福州电灯公司、福州红十字会等，然时代更迭，多已不存。

## 王有龄故居

位于塔巷南侧49号、51号，两座建筑东、西并排。东面49号是王有龄之父王燮居所，原为明代建筑；西面53号为王有龄扩置。中华人民共和国成立后，49号宅院曾长期被福州市物资回收总公司鼓楼分公司占用。

东面宅院原建筑面积为1033平方米，坐北朝南，临街大门六扇，左右为砖砌的门头房。门内有插屏门，门后为石框门。过天

王有龄故居中的古井

井，为首进院落。再过石框门，为二进前天井，左右各有披榭。二进仍保存明代建筑格局，面阔三间，进深七柱，过二进后天井，左右亦各有披榭，南为第三进木构建筑，面阔三间，进深五柱，为清代建筑遗存。此宅直透三进，周围以墙，南门可通黄巷。

西面宅院临街的大门与门头房构造与49号基本相同。该宅原有三进院落，现存两进。首进二层楼房为民国时期建，面阔五间，进深七柱。第二进为清代早期遗存，大厅面阔五间，进深五柱，穿斗式木构架，马鞍式山墙，有前、后天井。第二进东面辟门，与49号二进相通。三进以后，原为花园，直通黄巷，现为16号、18号。其中，16号于民国初始设"镜中天"照相馆；18号，清光绪朝状元王仁堪曾住过，民国时期为文化人高拜石所居。

现在故居部分院落已作为民宿，布置得颇有诗情画意。时移世易，故居中的一口古井，正漫诉悠悠年华。

◇- - - - - - - - - - - - - - - - - -

**王有龄**（1810—1861），字英九，号雪轩，侯官（今福州）人。青年时不慕仕进。后捐监生，得浙江盐务使。与著名商人胡雪岩为生死知交。历任慈溪、定海、鄞县、仁和知县，晋湖州知府、杭州知府、江苏按察使及布政使、浙江巡抚等职。时太平军围杭州，王有龄率文武官员坚守，终以粮尽援绝，城为所破，王有龄朝服自尽于后花园。太平军惊叹其节，收敛其尸归丧。事闻于朝廷，特谥号"壮愍"，并为其建专祠祭祀，以使这种誓死报效国家的忠义气节流芳百世。

- - - - - - - - - - - - - - - - - - -◇

# 黄巷

位于塔巷之南，与衣锦坊东西相连。晋永嘉年间，中原黄姓人家避乱于此，故称黄巷。相传，黄璞未及第时，黄巢军入福州，他们敬重黄璞，士卒们"灭炬而过其门"，传为佳话。

在黄巷南侧有两条南北走向的支巷，一名喉科弄，一名照相弄。喉科弄在清咸丰、同治年间因朱天章精通喉科得名，其后人朱勉之、陈淑云夫妻世营其业。民国初，庄心波在这里创建"镜中天"照相馆，轰动一时，故而得名照相弄。黄巷名人故居不胜枚举，最有名者当属梁章钜故居和郭柏荫故居。

↑ 黄巷口

## 梁章钜故居

位于黄巷中段北侧34号、36号，占地面积3309平方米。此为三坊七巷中有记载的最早居宅。

梁章钜故居又称为"小黄楼"，建筑玲珑秀美，清幽静雅，是福州颇具代表性的私家园林。中华人民共和国成立后，这

↑ 梁章钜故居小黄楼

里被辟为福建省文联招待所，著名闽剧演员郑奕奏和作家郭风都
曾在此长住过。1988年被列为鼓楼区文物保护单位。1992年，
被公布为福州市文物保护单位。2006年，被公布为全国重点文物
保护单位。

　　清道光十二年（1832）八月，梁章钜由江苏布政使任上引疾
归田，居黄巷。他亲自主持对小黄楼进行重修，"修葺宅右小楼，
榜曰黄楼。与同里诸耆旧，以诗酒相往来，辑《三山唱和集》十
卷"。书法家郭尚先为小黄楼书额。梁章钜叔父梁九山集杜甫诗句
为联，补壁明志，曰："座对贤人酒，门听长者居。"后改上联为
"宅入先贤传"。友人徐小霞作联相赠，云："白傅早归，一代福
人居福地；苏公再现，千秋黄巷重黄楼。"次年，又修葺宅东小
园，因其在黄璞故居"黄楼"东侧，故榜曰"东园"。梁章钜将园

↓ 梁章钜故居藤花吟馆

内分十二景，分别为藤花吟馆、榕风楼、百一峰阁、荔香斋、宾月台、小沧浪亭、宝兰堂、潇碧廊、般若台、澹囷沼、浴佛泉、曼华精舍，并有诗纪之。

故居主座面阔五间，进深七柱。由后天井通往西侧花厅。花厅自成院落，为双层楼阁，宽9米，深24米，面阔三间，进深五柱，穿斗式木构架，双坡顶；四周围墙，白墙灰瓦，翘脊飞檐。院内所有驼峰、斗、拱、托等均精雕细刻。楼下一层是敞开大厅，楼阁内有十二扇隔扇和六扇门窗，皆用楠木雕成，金柱扛梁上描龙绘凤，雕刻精致。二楼为藏书室，有花格栏杆，古色古香。此处有一池沼，上架青石小拱桥，桥栏板上刻"知鱼乐处"四字，水清见底，时见群鱼游弋。沿小桥进入假山。登假山坪顶，可见东侧凉亭，柱亭斗拱，垂柱雕梁画栋，工艺精巧。亭周悬钟，各尽其妙。

↑ 知鱼乐处

小黄楼的布置充满诗情画意，后人有诗赞曰："黄楼月色杨桥水，照遍钟山万点春。"

清道光十五年（1835），梁章钜离开这里。

小黄楼几更主人，过此者易生感叹。高而谦曾造访此地，并留《黄楼行》诗，云：

巷中邂逅得相逢，过门弗入礼有失。

乃随君步造君庐，知系黄璞之故居。

李唐迄今千余载，先生旧址俨然在。

清梁退庵记其略，黄楼字迹未剥落。

前有假山石玲珑，下有池沼鱼活跃。

历阶穿岩过小桥，助我惟仗筇一条。

儿时习闻长者言，黄巷赵宅古迹存。

荏苒韶光届暮齿，未曾涉足及于此。

今兹幸逢贤主人，导我一游殊可喜。

战尘扰扰历八年，贫富贵贱多变迁。

朱门华屋更新主，斯楼屹立无今古。

人生所宝惟令名，一士远胜王侯荣。

王侯蝼蚁共山邱，丰碑百尺莫保留。

　　梁章钜专意著述，曾经收集古今大量楹联，并分类整理成中国历史上第一部楹联专著，被誉为"楹联学开山之祖"。楹联是中国文化瑰宝，集多种艺术于一身，是古厝名居、亭台楼榭中的点睛之笔。故居的楹联不胜枚举，如"数竿新竹当轩上，四面繁花拂槛开"，展现对宅院环境的审美意趣。屏门楹联"五岳归来不厌丘壑，百史读遍方知马班"，阐明为学真谛。又如"雅度仰鸿仪春浓杖履，耆年添鹤算福衍箕畴""五色绕祥云辉生梁栋，三多延景福瑞集门闾"等联句，皆用祥瑞的意象，体现了主人对加官进爵、添福增寿、消灾避害的美好愿望。当然，还有"诗敲梅下月，醉卧柳边风"等读之使人内心澄静的对句。如今斯人已逝，但藤花吟馆边那些古树历经百年风雨依然枝繁叶茂。登楼视野开阔，见屋宇栉比鳞次，苍翠之间，使人不禁兴起怀古幽思。

梁章钜（1775—1849），字闳中，又字茝林，号退庵，祖籍长乐，清代学者、文学家。清嘉庆七年（1802）进士，入翰林，历任礼部主事、知府、按察使、布政使、巡抚兼署总督等。性好风雅，常集友唱酬。他七十寿辰时，好友王淑兰撰长联一副，高度概述他的一生："二十举乡，三十登第，四十还朝，五十出守，六十开府，七十归田，须知此后逍遥，一代福人多暇日；简如格言，详如随笔，博如旁证，精如选学，巧如联话，高如诗集，略数平生著述，千秋大业擅名山。"

↑ 梁章钜画像

梁章钜喜好读书，勤于著述，生平所作达70多种，林则徐认为其在当时仕宦中"著撰之富，无出其右"。重要著作有《楹联丛话》《退庵诗存》《退庵所藏金石书画题跋》《退庵随笔》《藤花吟馆诗钞》《浪迹丛谈》《归田琐记》《枢垣记略》《文选旁证》《师友录》《称谓录》等。

↑ 梁章钜《楹联丛话》书影

## 郭柏荫故居

位于黄巷2号、4号，俗称"五子登科"宅。始建于明末，原系衙门，总面积3000多平方米，建筑面积约2100平方米，规模宏大，门面壮观。临街六扇大门，两侧为马头墙，门头房面阔五

↑ 郭柏荫故居一景

间。园宅空间格局及木构架保留完整，明清两代建筑风格尚存，是福州典型的古民居建筑。曾作为福建省财政厅宿舍使用，1992年被福州市人民政府挂牌保护。

此宅为郭柏荫之子郭式昌兄弟在清咸丰年间购入。郭式昌在答叔父郭柏苍诗中提到："蒹秋叔父于文儒坊后宅署为云闲堂。余亦备黄卷小屋为侍奉之计。"此屋原为雍正时广西巡抚李馥所建，李自题堂额曰"敬业堂"。郭式昌兄弟购入后曾改楹联"家传五色笔，人仰九霄松"为"案有传家笔，门多问字车"。郭柏荫当时作"入琼林玉树中皆宝，有仁心慈德者为祥"一联，现嵌在大

↓ 郭柏荫故居大厅

厅柱上。联句增添了故居的文化内涵，同时也反映了作者的才情与心志。

故居主座建筑为前、后三进，坐北朝南，四周有封火墙，穿斗式木构架，双坡顶。进大门中为仪厅，两侧为门房、轿房。穿过石框大门，内有天井、回廊。第一进为厅堂，面阔五间，进深七柱，宽敞大气；厅中28根木柱，青石为柱础。第二进结构与第一进相同，厅堂面阔五间，进深五柱。经第二进后天井进入第三进，为倒朝式五间排双层书房。主座东墙外为花厅，并有三间排厅堂一座，坐北朝南。庭院内假山、鱼池、花亭等遗迹犹存，当时人们在此饮酒赋诗、吟咏啸傲，韵事甚盛。东墙外的花厅园林独具韵味，假山边百年苹婆树在艳阳照耀下光影婆娑，肥绿的圆叶彰显着旺盛的生命力，粉红色的花萼酝酿着味如栗子的凤眼果。藤条木椅安静地摆放在"墨池"匾额旁，可供游人休憩。

现在故居作为福州历史影像展览馆对外开放。透过摄影师的镜头，我们会看到福州城市的历史变迁，重拾旧日时光。

↓ 郭柏荫行书扇面

◇------------------

郭阶三（1778—1856），字世敦，号介平。清嘉庆二十一年
（1816）举人，历任连城、同安县教谕，其从教经历，"为其成
功教育子孙提供了有利的经验与铺垫"。郭氏夫妇二人极其重视对
子女的教育。郭则沄《旧德述闻》记载："家贫无力就外傅，介平
公与林夫人亲课之，夜仅一灯，诸子环坐朗诵，甚或两餐不克具，
而督课亦勤，或劝令诸子别营生计，公不可，卒皆成就。"郭柏荫
的挚友、晚清重臣骆秉章曾说："年伯（郭阶三）携诸子就塾，
早出暮归。归则令循旧书，太夫人从而补课之，一灯荧荧，书声相
续。"生有五子（柏心、柏蔚、柏荫、柏苍、柏芗），皆登科第，
郭柏荫为进士，余四人为举人，"五子登科"一时传为佳话。

郭柏荫（1807—1884），侯官（今福州）人，字远堂，号古
伤心人、石泉。清道光十二年（1832）进士。后历任监察御史、
按察使、布政使、巡抚、湖广总督。他善读四书五经等儒家经典，
并能依据圣贤经义来立身处世。居官廉洁自律，曾自示曰："读
圣贤的书，休背圣贤的教训；做朝廷的官，休乱朝廷的法度。"道
光二十三年（1843）回乡后，历主清源、玉屏、紫阳、鳌峰等书
院，人多向学。他常"半夜即起钞书，点一枝蜡烛，见跋及旦，日
以为常"。其认真的学习态度与惜时勤勉的治学精神，深深地影响
着书院学子。郭柏荫是学者型的官员，一生笔耕不辍，"自入官以
及投老，未敢一日舍镘而嬉"。著有《天开图画楼文稿》《石泉
集》《嘐嘐言》《续嘐嘐言》等。

------------------◇

## 安民巷

位于南后街东侧。民间传说，唐末农民起义军黄巢入闽，兵至巷口，出告示安民，故名安民巷。

在巷北侧有麒麟弄和立本弄。传说古有麒麟降临巷内，因寓意吉祥，所以命名"麒麟弄"以留念。3号宅院大门曾绘麒麟图，活灵活现。在民国十年（1921）前后，因日本浪人曾在此开鸦片馆，故俗呼"日本弄"，后改"日"为"立"。民国十五年（1926）冬，中共福州地委联络处曾设此，地委书记徐琛夫妇寓居其间。安民巷至今尚存明清古建筑十多座，最值得一提的是鄢家花厅。

↓ 安民巷口

↑ 鄢家花厅

↑ 鄢家花厅内景

↑ 鄢家花厅内景

## 鄢家花厅

位于安民巷47号，是鄢氏太澄公宗祠的附属建筑，建于清乾隆年间。据《绥安鄢氏宗谱》载，南宋绍熙元年（1190），五十五世鄢太澄迁福建绥安（今建宁县）；明永乐二年（1404），六十五世鄢识迁徙永泰麟阳村。宗祠系建宁溪枫鄢氏与永泰麟阳鄢氏族人，于乾隆年间合资购买当地民房并修筑。宗祠除祭祀功能外，还兼作试馆或会馆使用。有永泰及其他地方宗亲进省城，或赴京赶考，或经商，常在这里下榻。民国年间，归侨商人邹克明曾经两次修缮。2005年鄢家花厅被公布为省级文物保护单位。

鄢氏太澄公祠坐南朝北，两座毗邻，四面围墙，东为主宅，西为花厅，整座建筑十分大气。主宅现存一进。大门上方曾悬黑字匾额"鄢氏太澄公祠"。两边悬挂萨镇冰书："人能知足心常乐，事到无求品自高。"内有三间排门头房。大门内有天井，连接三面回廊，正面为"六扇五间排，七柱出游廊"的大厅堂，28根大木柱支撑，穿斗式木构架，双坡顶，两侧马鞍式山墙。大厅两边对称布置，厅前廊有小门通隔院西花厅。

西花厅即鄢家花厅，共二进，原为鄢家园林。第一进花厅是精华所在，坐北朝南，临街开小门，厅与天井占地面积200多平方米。建筑的形制很特别，整体看建筑为三开间，厅堂采用纵横双向的抬梁式结构，这种结构减少落地柱，格局高敞。屋檐下垂花悬钟，东西对称，形成三开间制式，丰富了空间层次。

客厅房间全用槽木精雕落地门，高贵

↑ 鄢家花厅内景

↓ 百年杨桃树

↑ 鄢家花厅古井

典雅。厅内的插拱等构件，经过精细的艺术加工，饰以各种图案，极尽雕琢能事，浮雕、圆雕、透雕和漏雕等技法并用，不禁令人赞叹古代匠人的精湛技艺。

房前有小厅，左右为花窗隔扇；厅前轩廊卷棚饰顶，悬钟、雀替刻花果，造型独特。

庭院西侧有天然盆景——一株百年杨桃树，如今依然生机勃勃。东墙角一座木构六角半边亭，小巧玲珑，亦为点睛之笔。天井中有一口水井，石刻南瓜井沿。

2017年，福州市委、市政府将鄢家花厅调拨给福州市文联使用，命名此处为"福州文艺家之家"，同时挂牌成立福州文学院，常态化举办各类展览、文艺沙龙和公益讲座，传承、弘扬文化艺术。

# 宫巷

位于安民巷、吉庇巷之间。旧名"仙居里",宋时作"聚英坊",元时作"英达坊"。明成化年间,以巷内曾建紫极宫,始名宫巷。

宫巷历史风貌保存较为完整。许多明清大宅院至今尚存。郁达夫在《闽游日记》中写道:"走过宫巷,见毗连的大宅,均是钟鸣鼎食之家,像林文忠公的林氏、郑氏、刘氏、沈葆桢家的沈氏,都住在这里,两旁进士之匾额,多如市上招牌,大约也是风水好的缘故。"沿巷尾西向走去,沈葆桢故居、林聪彝故居、刘齐衔故居、刘冠雄故居依次林立,尽显昔日文风雅韵。

↑ 宫巷口

## 沈葆桢故居

位于宫巷26号。始建于明天启年间。清同治三年(1864),沈葆桢之父沈廷枫举债购置,以安顿子弟。购后曾加以修葺。故居坐北朝南,占地面积2800多平方米,建筑面积2000平方米。其布局严谨,

↑ 宫巷(江榕 摄)

↑ 沈葆桢故居

雕饰富丽，汇集明、清两代建筑风格于一体，是明、清时期福州典型的官宦士绅住宅，气派不凡。1988年被公布为鼓楼区文物保护单位，1996年被公布为福建省文物保护单位，2006年被公布为全国重点文物保护单位。

故居主座中轴线自南而北，依次为门头房、厅堂、正座、藏书楼。门头房面阔五间，进深三柱，穿斗式木构架，双坡顶，两侧护以封火墙。大门口有檐楼，下有门廊和六扇门，正中门厅，两侧门房，中有插屏门。门廊下石阶周边浮雕地毯流苏，它与石雕雨檐皆为明代官绅

↓ 沈葆桢故居第三进

宅第的流行款式。入门为第一进厅堂，是举办婚丧等礼仪的场所。大厅堂是"明三暗五"建筑格局，进深用七柱前游廊。厅内建筑用抬梁穿斗式减柱木构架，大杠横梁贯东西三开间，为典型的明代建筑手法。厅堂宽敞明亮，堂前为大天井，左、右有回廊。庭院阶石面平，周边圆滑，浮雕地毯流苏。

二进以内为内眷活动区。前厅堂上正中有联，曰："子孙贤，族乃大；兄弟睦，家之肥。"左、右厢房为主人居所。正房门为四开式，门上部框架间用藤皮编成图案，南、北六扇镂花门窗，工艺精湛。后天井中铺设两米宽石过道，旁设美人靠，上盖覆龟亭。

第三进格局与二进相同，后院有藏书楼。主建筑厅堂面阔五间，正间设前、后厅，厅堂上设祖宗神龛。左右为厢房，供主人起居。楼前有一长列花格窗，两侧木扶梯直通楼上。后厅与藏书楼间有石铺甬道走廊，木构件雕刻简洁疏朗，显示明代建筑特征。

西侧院按大院格局平分为三座花厅，辟有门，与大院相通。东侧院由南到北，依次为花厅、书斋、签押房、大厨房、傍竹斋、三友斋、海棠轩等。各进之间皆有天井，植花养鱼，环境幽美。书斋、花厅等建筑的斗拱为花斗、海棠

↑ 沈葆桢行书七言联

↑ 沈葆桢像

斗、弯拱等形式，木雕花纹繁缛，体现了清代福州民居建筑的典型特色。

清同治四年（1865）三月，沈葆桢自江西巡抚任内回乡省亲，适丁母忧，居宅守孝。其间，他卖字以贴补家用。题其书室为"一笑来"纸铺。纸铺在本宅花厅西边临宫巷开一便门，自书鬻字润例。他曾致亲戚云："据宫巷门楼，大书特书，跌价抢售，多所得，则两餐之余，更博一醉。"故居内有两株古流苏树，传为沈葆桢手植，世代更移，陵谷变易，至今枝干依然挺拔，枝叶秀丽。

◇- - - - - - - - - - - - - - - -

**沈葆桢**（1820—1879），字幼丹，林则徐之婿，中国近代史上著名政治家、军事家，洋务派的杰出代表，是开启台湾近代化进程的奠基人。清道光二十七年（1847）进士，历任编修、江西知府、江西巡抚、福建船政大臣、两江总督，一生建树甚多，政绩斐然，在捍卫国家主权、维护领土完整、增进民族团结等方面作出重要贡献。他操办船政事业，坚持"主权在我"的原则，认为"购置者权操于人，何如制造者权操诸己"。其间，引进人才，传授西方先进的科学技术。

- - - - - - - - - - - - - - - - - -◇

# 吉庇巷

位于南街与南后街中间。吉庇巷一名"魁辅里"。清林枫《榕城考古略》云："吉庇巷，俗称'急避'。宋郑姓之故里，今改吉庇。"可见其演变过程。

福州安泰河畔素有"秦淮风月"之誉，它是吉庇巷南面的"护城河"。安泰河南畔的巷子名为桂枝里；在澳门路东侧有侯官巷，时移世易，今其地建有省妇幼保健院。吉庇巷现存多座明清古建筑。谢家祠是明代建筑，也是早期福建学生联合会所在地；刘氏祠曾是清道光年间编纂《福建通志》的地方，也曾是中共福建省委地下联络站；蓝建枢故居也是巷中著名的建筑。

↑ 吉庇巷

## 蓝建枢故居

位于吉庇巷94号。原为清代建筑，民国时期经蓝建枢修缮。故居占地面积2000多平方米，有两主座、一花厅，建筑面积1029平方米。

朝南主座的大门临吉庇巷街。入门往

↑ 蓝建枢故居

左，进第二道门，为南面主座，共二进。有天井，三面环廊。第一进正厅，面阔三间，进深七柱，穿斗式木构架，双坡顶，厅左、右有厢房。第二进厅堂中间上方雕刻鸟与花的形象，周边环绕白鹭与莲花，寓意"一路连科"。石门往东，为花厅院落。花厅三间排，有前、后天井，两间后厢房，一个后花园。跨院则沟通两个主座宅院。朝西主座的大门临南后街。朝西主座采用青砖与木石混合结构，乃是民国式建筑，但与朝南主座的木构建筑结合比较巧妙，融为一体，系蓝建枢入住后改造的，将西洋建筑元素与中国传统建筑方式相结合，衔接错落有致。第三进建两座小洋楼，中间夹一个天井，其南面临近后花园。

今故居已作为福建省海峡民间艺术馆对外免费开放，大致布

↓ 蓝建枢故居内景

局分为两个展厅和艺术交流区。无论是"小锤敲过数千年，无字传承几度秋"的福安畲族银器，还是源远流长的闽南剪纸艺术，抑或是世界闻名的德化瓷器，又或是位列我国"四大名石"之首的寿山石，都曾在这里以丰富多彩的形式展出。近几年国家致力于脱贫攻坚的任务，福建贫困地区的脱贫攻坚也取得了不朽伟绩，由此产生的艺术作品也曾在馆中纷纷亮相。同时馆中不定期举办有关福建非物质文化遗产的活动，如少年儿童剪纸体验、学习书画等。

◇- - - - - - - - - - - - - - - - - -

　　蓝建枢（1856—？），字季北，闽县人。清同治十三年（1874），毕业于福建船政学堂第三届驾驶班，赴美留学回国后，历任管带、海军部参谋、管理部部长。民国三年（1914），任北洋政府海军部参谋处长，后任海军左司令、第一舰队司令，1920年出任海军总司令，翌年8月去职，返回福州，居吉庇巷旧宅，直至去世。

- - - - - - - - - - - - - - - - - - ◇

中国民间
文化遗产
抢救工程
THE PROJECT TO CHINESE
FOLK CULTURAL HERITAGES

SOS

　　三坊七巷中的许多家族重视读书，其族中子弟都受到了良好的文化环境熏陶。居住在这里的士大夫及贵族多科甲蝉联。他们以诗书继世，英才层出不穷，于是仕宦相继，出现了朱紫盈门的现象。他们或莅官一方，政声显著；或优游林泉，成就文艺盛事。检点坊巷中每个世家大族的昔时人物，遍是宿儒名宦、诗词能手、书画名家、文坛宗伯，其瞩目成就足可名垂青史。其族中子弟显达以后，多在这里卜地而居。坊巷人物的精神、品格、文化、著作，影响了一代又一代的人。

↓ 水榭戏台晨晖（胡发秋 摄）

# 第三章
## 坊巷世家

# 宿儒名宦　著述春秋

修身、齐家、治国、平天下，这一儒家文化传统是古代文人、志士所奉行恪守的信条。古语道："知之非艰，行之惟艰"，他们躬身实践，终能建树立业，名扬后世。而著述系"名山事业"，学人以文载道，留下佳篇名著，成就不朽盛事。留下的一段段名人逸事，更为坊巷增添了几分文化韵致。他们的作品流传于世，他们的故事传诵至今。展开坊巷世家画卷，了解人物生平，品读背后的故事，可以感受坊巷丰厚的文化底蕴。他们的人生观与价值观影响广远，是留给后人的重要财富。

↑ 沈瑜庆

↑ 沈瑜庆《涛园诗集》

## 武林沈氏世家

明末清初，沈氏始祖沈天祥从江苏吴江移居浙江杭州，是为武林沈。清雍正十二年（1734），四世沈子常携子定居福州，为沈氏迁闽始祖。沈氏一门诗书继世，文事武功多有可述，如状元之师沈廷枫，中国近代造船、海军建设事业的奠基人沈葆桢等。

沈瑜庆（1858—1918），字志雨，号爱苍，又号涛园。沈葆桢第四子。清光绪十一年（1885）举人，特用主事，官至巡抚，为官廉明勤政。总纂《福建通志》，著有《涛园诗集》等。

沈觐平（1879—1925），字丹元，号半泉，沈葆桢曾孙。受家风影响，自小勤学。清宣统年间，任福州马尾船政局秘书，经营造船工程14年。平生喜藏书，着力研究目录。所读书必经勘点，"丹铅之迹，斑驳行间"，对清代朝政、掌故多有记载。著有《半泉随笔》《半泉联语》等。

沈祖牟（1909—1947），沈觐平之子。笔名宗某、萧萧，幼承家学，后师从何振岱、徐志摩。1932年在厦门主编《南天诗刊》，1933年在福州组织福州友社。曾为《真善美》《异军》《文学社》《国光日报》等报刊撰写散文、随笔、诗话、译话等作品。平日注重搜罗掌故，尤倾心收藏地方志书与闽贤著作。著有《福建文献述概》《闽中文献录》《谢钞考》《陈左海年谱》《崧斋丛书》等。

## 文峰林氏

福州文峰林氏系九牧林（林禄）六子林蕴的后裔，明末清初时，这一支从福清杞店（今海口岑兜）迁入福州城内。此家族著名人物有林宾日、林则徐、林汝舟、林聪彝等。

林宾日（1749—1827），原名天翰，字孟养，号旸谷。平生以教书课徒为业，能诗善文，家教严格，著有《小鸣集》《倒颠集》等，其教子故事，传

↑ 沈瑜庆书法

↑ 沈觐平朱卷

↑ 沈祖牟《谢钞考》

↑ 林宾日《饲鹤图》

为坊间佳话。

林则徐（1785—1850），林宾日之子。字少穆、元抚，号石麟。清嘉庆九年（1804）举人，嘉庆十六年（1811）进士，授翰林庶吉士、编修。历官两广总督、陕西巡抚、云贵总督等职，史载其"历官十四省，统兵四十万"。林则徐为官廉洁无私，贤名满天下，其禁毒事迹，更名扬世界。著有《云左山房文钞》《林

↑ 林则徐画像

↑ 林则徐行书七言联

文忠公政书》等。其生平奏议、日记、诗文等汇编为《林则徐全集》。

林汝舟（1814—1861），林则徐长子。字镜枫、楫之。清道光十八年（1838）进士，历任翰林院庶吉士、编修、侍讲等职。

林聪彝（1824—1878），林则徐次子。字听孙。著有《西行日记》。曾任衢州府知府、闽浙总粮台提调、浙江按察使等职，为官政声显著。

林炳章（1874—1923），林则徐曾孙。字惠亭。清光绪二十年（1894）进士，授翰林院编修。光绪二十四年（1898），以钦差大臣回闽考察宪政，协助陈宝琛兴办新学，担任福建师范学堂副监督、福建高等学堂监督。民国以后，出任福建省财政厅厅长、闽海关监督等职。

### 螺洲陈氏

明洪武年间，陈氏始祖陈巨源从长乐玉田陈店迁居螺洲，至十三世陈若霖，功名显达，声耀闽中，世代簪缨，蔚为大族。陈氏族人以孝悌传家，弘扬儒家思想，实践经世致用的儒家传统。李鸿章题联云："冠盖今螺渚，诗书古颍川。"清咸丰、同治年间，陈承裘等始居文儒坊。

陈若霖（1759—1832），字宗觐，号望坡。清乾隆五十二年（1787）进士，授翰林院庶吉士，参与校勘《四库全书》，

↑ 陈若霖楷书《朱子家训》

历任刑部郎中、湖广总督、刑部尚书等职。在任上，他秉公执法，不畏强权，深受民众爱戴，闽剧《陈若霖斩皇子》展现了陈若霖的艺术形象。"常存厚道以培家运，勿因小忿而失至亲"是他的人生格言，也是陈氏一门的祖训。

陈承裘（1827—1895），陈若霖之孙。字孝锡，号子良。清咸丰二年（1852）进士，不慕仕进，有孝名。曾随父居陕西、山东、云南多年。回闽，住文儒坊，侍父不仕，居家课子甚严，六子皆登科甲。

陈宝琛（1848—1935），陈承裘长子。字伯潜，号弢庵，晚号沧趣老人、听水斋主人等，是"末代帝师"，也是近代著名教育家、诗人、书法家，博学通达，才识过人。在家庭熏陶下，陈宝琛从小就产生读书兴趣。清同治七年（1868），赴京会试，登进士第，选翰林院庶吉士。其晚年倾力学术与教育，倡办苍霞精舍、螺洲两等小学堂、福建官立中等商业学堂、福建官立农业学堂、福建优级师范学堂（福建师范大学前身之一）等，并首倡福建女子教育，"倡办学务，达二十余年。福建知名之士，多出其门下"。数举首开福建新式教育先河，惠泽八闽大地乃至晚清社会，在中国近代教育史上写下了浓重一笔。他一生赋诗作

↑ 陈宝琛画像

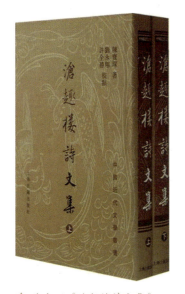

↑ 陈宝琛《沧趣楼诗文集》

文，笔无停歇，留下著作颇多。纂修有《德宗本纪》《德宗实录》，编印有《澂秋馆印存》《澂秋馆吉金》《澂秋馆藏古封泥》《澂秋馆吉金图录》，著有《沧趣楼文存》《沧趣楼诗文集》《听水斋词》《南游草》《陈文忠公奏议》等。

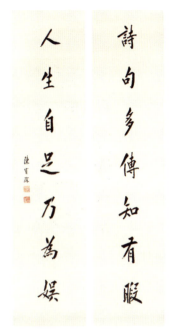

↑ 陈宝琛行书七言联

### 汾阳郭氏世家

"郭氏之先，出于汾阳。唐咸通中，始籍闽疆。"明嘉靖十一年（1532）再迁侯官，居于福州城内，以后渐成闽都望族。郭氏家族人才济济，世代相承，入世则济物利民，归隐则治学淑世，不论从政投军，或为学著述，皆可为世之榜样。黄启权《三坊七巷志·名门世家》载："阶三初居锦巷东，及柏荫显后，移家黄巷；其一支仍居锦巷。故有'黄巷郭''锦巷郭'之别。"

郭柏苍（1815—1890），郭阶三第四子。字蒹秋、青郎。清道光二十年（1840）中举。热心家乡公益事业，曾主持修建福州南城，疏浚城濠；疏浚怀安、洪塘、濂浦诸河。平生雅好藏书，尤精于地方历史掌故，著有《闽产录异》《海错百一录》《乌石山志》《竹间十日话》《闽会水利故》等。

郭化若（1904—1995），郭氏后裔，曾名俊英、化玉，自号一嘶。1925年，加入中国共产党。1955年，被授予中将军衔；1973—1982年，

↑ 郭化若

↑ 郭柏苍《海错百一录》　　↑ 郭柏苍《海错百一录》　　↑ 郭柏苍《乌石山志》

↑ 郭化若《孙子兵法译注》　↑ 郭化若《孙子用间篇今译》　↑ 郭化若《郭化若诗词选》

任军事科学院副院长。第一届全国政协委员、第四届全国政协常务委员、第五届全国人大常委会委员，第十二届中央顾问委员会委员，中共七大代表。著有《军事辩证法》《远谋自有深韬略》《郭化若军事论文选集》《郭化若诗词选》《郭化若书法集》《孙子兵法译注》等。

### 齐安齐氏世家

清康熙年间，齐耕师（字莘公）经商姑苏，后迁光禄坊，在此置屋以居。此门崇文好学，诗礼传家，齐弨、齐鲲父子双翰林，名传坊间。

齐弨（1753—1815），字辅五，号兰皋。清乾隆三十六年（1771）举人，乾隆四十六年（1781）进士，选翰林院庶吉士，授编修。历知县、通判等职，为官有廉名。平生与郑杰交好，续其《国朝全闽诗录初集》一书，著有《话雨轩诗集》。

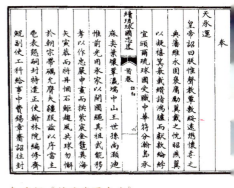

↑ 齐鲲《续琉球国志略》

齐鲲（1776—1820），齐弨之子，字鹏霄、澄潇，号北瀛，祖居齐安。清乾隆五十七年（1792）乡试亚魁，嘉庆六年（1801）进士，选翰林院庶吉士，授编修。嘉庆十三年（1808），充册封琉球正使。任上事必躬亲，节约开支，爱惜民财，为公事殚

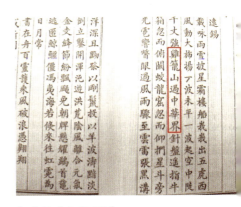

↑ 齐鲲《东瀛百咏》

精竭虑。使团在琉球期间，齐鲲婉言谢绝琉方重金，再三申明"使节不能滥受外物"，使团纪律严明、礼仪高尚，给琉球留下了良好的印象。齐鲲购置光禄吟台玉尺山房屋舍，奉父母迁入居住。在河南府知府任上，下令革除摊派车马的弊政，为民解忧。著有《东瀛百咏》《续琉球国志略》《玉尺山房遗稿》等。

## 平阳陈氏世家

平阳陈氏入闽后，夏允彝云："闽之墟，冠带甲天下，其繁衍于都会中者，则陈为称首。陈世有达人。"从元至正到清雍正年间，陈氏家族一门多有登第者，如陈高、陈一元、陈其蕴、陈轼、陈亨、陈世贤。陈圣灵高祖陈兆盛于明崇祯年间购置文儒坊宅院。

↑ 陈季良故居，陈季良的高祖父陈兰泰即出生于此

陈兰泰（1751—1834），陈圣灵第四子，字芷亭。名儒张甄陶以谊女张端许之，平生以授徒自给，而遇贫穷的生徒均免收学费。越山书院初创，孙尔准聘陈兰泰为主讲，他辞而不就。著有《易经译说》《学庸辑说》《警心录》《文集》等。

陈鸣昌（约1800—？），陈兰泰之子，字叔闻。清道光五年（1825）举人。曾任建阳县学训导、宁德县学教谕、延平府学教授等职，参与修校《福建通志》。

# 沉潜艺林　诗书传家

坊巷中宿儒俊彦云集，出于世家大族者过半，有政治家、思想家、外交家、教育家，这些人的情怀与抱负令后人望风怀想。他们中亦多淡泊明志者，"谁知五柳孤松客，却住三坊七巷间"，正可为坊巷文人之心境作一诠释。

## 侯官许氏

唐龙纪元年（889），许令骧（许陶）率子许正避乱入闽，初居泉州，后迁福州，是为该氏入闽始祖，其九世孙为宋嘉祐八年（1063）状元许将。许氏居光禄坊，始于许豸。

许豸（1595—？），字玉史、玉斧，明崇祯四年（1631）进士，历户部主事、浙江学政、福建提学副使等职，为官有政声。许氏一门多工书画诗词，誉满闽中。许豸笔耕不辍，著有《春及堂诗》等。至清乾隆五十七年（1792），许氏一门七世同居，奏赐"海国醇风"匾。

许珌（1614—1672），许豸之侄。字天玉，号铁堂，别号天海山人。平生交游周亮工、王士禛、陈维崧等人。居官清慎，重视文教。罢官后流寓临洮，以教书、鬻字为生。

↑ 许豸草书

著有《铁堂诗草》《品月堂诗》等。王作枢（清同治年间进士）有
诗赞许珌品行云：*"毕竟文翁教泽深，口碑千古在人心。官声久并
诗名著，二百年来说到今。"*

↑ 许友《松石图》

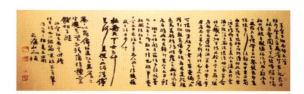

↑ 许珌书法

　　许友（1615—1663），许豸长子。字有
介、有眉，号甄香。工诗善书，亦能作画。曾
从倪元璐学，明亡以后，挂冠不仕，乐于山水
之间。其诗为钱谦益、王士祯、朱彝尊等所称
许。王士祯尤爱其所作七绝，曾手录数十首。
钱谦益称其*"许友八闽风"*。许友作字追米芾
书风，并以"米友堂"名其室。著有《米友堂
诗文集》《许有介集》等。

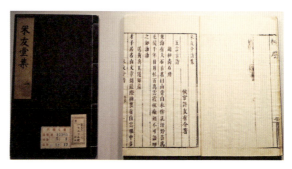

↑ 许友著作

　　许遇（1650—1719），许友之子。字不

弃、真意，号花农、月溪。少从学王士祯，尤长七绝。亦善书画，尤喜梅松，有宋元遗韵。著有《月溪集》《紫藤花庵诗钞》《家山杂忆》等。

许均（约1690—？），许遇第四子。字叔调，号雪村。清康熙五十七年（1718）进士，官至礼部祠祭司郎中。其人诗声与官名并著，著有《玉琴书屋诗钞》《雪村诗集》，刊有许氏家集《笃叙堂诗集》。

许王臣（约1720—？），许均之子。字思恭，号陶瓶。善诗、书、画，为人以孝友称。著有《陶瓶集》《夕佳楼诗钞》。

许作霖（生卒年不详），许王臣长子。字子雨，号霁岚。清乾隆四十四年（1779）举人，曾任四库馆誊录，议叙知县。著有《桐花书屋诗钞》。

许作屏（1761—1819），许王臣次子。字子锦、画山，清乾隆五十八年（1793）进士，为官能施德于民。著有《青阳堂文集》《拜云楼诗集》《端溪砚史》。

## 通贤龚氏世家

龚姓，唐末迁闽。福州龚氏始祖龚茂良，号维谏。宋金紫光禄大夫，参知政事，世系著于福建莆田。此系人才亦夥，如藏书家龚易图、书画家龚鸿义等。

龚景瀚（1747—1802），字惟广，号海峰，清乾隆三十六年（1771）进士。历官陕西邠州知州、甘肃兰州知府等职。在甘肃

↑ 龚景瀚《离骚笺》

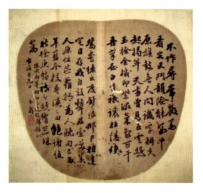

时曾修葺柳湖书院，有功教化。著有《澹静斋文钞》《汉书百官公卿表补注》等。

**龚易图**（1835—1894），字蔼仁，号含晶，清咸丰九年（1859）进士，后任云南知县、济南知府、广东按察使、湖南布政使等职，为官严守职责。在福州广筑园林，如双骖园、武陵园、环碧轩等。龚易图擅书法绘画，且富藏书。曾购海宁陈氏藏书三千余种、刘家镇藏书两万余卷。

**龚彝图**（1848—？），龚易图之弟。字秀仁。善作山水，兼长花鸟，代表作有绢本指画团扇《绿柳蝉唱图》等。

**龚鸿义**（1873—1946），龚易图第三子。字颖叔，时称诗书画"三绝"。山水得家法，晚年喜泼墨，仿姚钟葆。抗日战争时期，画巨幅，题诗取忠、孝、廉、节以明志。后与潘主兰等组织福州市金石书画研究会，并任会长。

**龚礼逸**（1902—1965），龚易图之孙。名纪，号习斋。幼承家庭环境熏陶，临帖不倦。中华人民共和国成立后，曾在福州工艺美术专科学校任教，后被聘为福建省文史研究馆金石书画鉴定委员。著有《寿山石谱》《意在楼吟稿》等。

↑ 龚景瀚《澹静斋文钞》

↑ 龚易图书法

↑ 龚易图画作

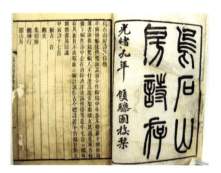

↑ 龚易图《乌石山房诗存》

↑ 龚鸿义画作

↑ 龚鸿义画作

### "台湾林"世家

"台湾林"祖籍福建龙溪。民国时期，福州"台湾林"世家富甲一方。这个家族曾居住杨桥巷。清乾隆四十三年（1778），林应寅赴台，在淡水新社开蒙馆，授徒教书。后世林国华也迁居台北板桥，人称"板桥林"。

↑ 林尔康墓

林尔康（1864—1895），林国华之孙。秉性严肃，不苟言行，勤于学，经史百家无不涉猎。能诗工书，喜作汉隶，书风高古。平日务绝糜费，唯好义举。曾告家人云："富贵无常，惟有德者可以保长久。"其妻陈芷芳（1868—1935），名贞。1905年，陈芷芳携子女回福州，在杨桥巷购屋营宅。曾捐资二十万两银帮助陈宝琛开办全闽师范学堂和缮印红绫本《德宗实录》，因而获清廷赏赐"一品"封诰，并赠"义方垂裕""福寿"匾额。民国八年（1919），经陈宝琛为媒，芷芳次女林慕兰与严琥（严复之子）成婚，结为姻亲。

# 致身文教　安砚书院

教育是古今一大事业，管理社会、教化百姓，必先以教育为先，故《学记》早有言："建国君民，教学为先。"三坊七巷许多学人与书院有关系，如陈寿祺、林枝春、郭柏荫、郑世恭、梁鸣谦等，他们皆担任过清代福建最高学府鳌峰书院的山长，为当时社会文化、地方教育作出了很大贡献。历史名人致力于书院发展的事迹，构建了坊巷"书院文化"的精彩一页，使这条历史文化街区的人文底蕴更为博大、深沉。

## 鹗里曾氏世家

明永乐年间，国学生曾孟宁（一作曾西淦），以避"靖难"祸，自江西新淦迁闽洪塘鹗里。七世曾熙丙（字用晦）始居福州城内，传至十三世曾晖春，以后子孙发达，渐成文儒世家。据载，曾家原住西门大街、孝义巷，后居黄巷。

曾晖春（1770—1853），字霁峰，号梅仙。清嘉庆三年（1798）举人，嘉庆六年（1801）进士。为官清廉，所居曰"自怡轩"。著有《自怡轩诗存》《霁峰诗存》。其"五子登科"、四代直系接连进士。尤其后者，为清代福州之内所仅见。

↑ 曾晖春《义宁州志》

↑ 曾晖春《义宁州志》

↑ 曾兆鳌《玉屏书院课艺》

↑ 曾宗彦朱卷

↑ 曾宗彦《尊酒草堂诗》

曾兆鳌（1816—1883），曾晖春长孙。字晓沧。清道光二十四年（1844）进士，晚年归闽后，任厦门玉屏书院、泉州清源书院、福州越山书院等山长。

曾宗彦（1850—1912），曾兆鳌长子。字君玉，号幼沧。为人"气度秀逸，诗尤夐夐独造"。清同治十二年（1873）亚元，光绪九年（1883）进士，曾任贵州思南府知府等职，为官清廉，"常为家庭经济拮据所困"。"百日维新"期间，甫任江南道监察御史，即奏请精练陆军、振兴农务、设立矿务学堂等，许多方案切实可行，因此，有近代中国"陆军之父"、维新志士之称。变法失败后，悲愤还乡。光绪年间，出任福州凤池书院与正谊书院山长，成就后辈颇多。书院教育成就之原因多方，而与山长关系尤深。他们的人格品质与治学精神，不单影响书院生徒及当时社会风气，即使在今天，对我们也仍有启迪。

### 武威廖氏世家

武威廖氏于唐末迁闽。清康熙年间，廖君弼由永定迁居福州东关外，为福州廖氏一世；三世迁夹道坊；四世廖陆峰迁北后街。八世廖毓英，家住吉庇巷66号。廖氏家族多有致力于书院教育者。

廖鸿荃（1778—1864），初名金城，字应礼，号钰夫。清嘉庆十三年（1808）举人，次年得中榜眼，后累迁至工部尚书、经筵讲官，赐紫禁城骑马。为官谨慎，督办水利工程时，常亲临工地，昼夜不倦。清道光年间，曾出任江苏、浙江两省提督学政，"门生半天下"。廖氏子孙早年多入鳌峰书院学习，且得功名，廖鸿荃更被誉为鳌峰书院才子。

↑ 廖鸿荃书法

廖骧（生卒年不详），字积中、执斋。清光绪六年（1880）进士，先后主讲兴化府擢英书院、台湾府明志书院、福州越山书院，成就后进颇多。

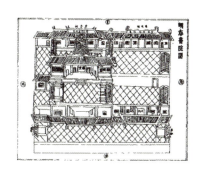

↑ 明志书院图

廖毓英（1863—1929），廖鸿荃曾侄孙。字笠樵，号自怡庵主人。清光绪二十一年（1895）乡试亚魁，光绪二十九年（1903）进士。一生清俭，常接济穷苦百姓。后见国是日非，愤然辞官归里，寄情山水。辛亥年，在福州组织"托社"，以诗会友，常在西湖宛在堂、开化寺结社联吟，著有《自怡庵诗钞》。

## 海口叶氏世家

叶氏始祖叶洙、子叶熹于唐末始迁同安佛岭下。宋咸淳年间，其后裔叶石岩卜居福清高山。清顺治年间，十三世叶学祯迁省城；十六世叶观国，初居城东法海路，晚年在文儒坊营建宅院。此一门

↑ 正谊书院所刻之书

科甲蝉联，簪缨不绝，其中亦多有致力于书院教育者，如叶仪昌、叶滋森、叶大焯、叶大遒、叶在琦等。

叶申蔿（1767—1832），叶观国四子。清乾隆六十年（1795）举人，平生喜读诗书，晚年藏书三万卷，著有《春秋解》《荫余轩诗文集》《退食吟钞》等。在无锡任职期间，关注地方文教，曾捐资整修文庙、崇正书院等。

叶申万（1773—1831），叶观国六子。清嘉庆十年（1805）

↓ 未修复前的福州正谊书院

进士，授翰林检讨，历官广西庆远知府、高凉兵备道等职。曾主修《高州府志》，兴建梅坡书院，终使高凉文教大兴。

↑ 《正谊书院课艺》（光绪二十三年刻本）

叶仪昌（1803—1869），叶申蔿四子。字定勤，号季韶、潜山。清道光八年（1828）举人，曾任大田、南平县学教谕，历主杭州书院、龙山书院讲席。归里结庐永泰方广岩，构"芝石山房"，拥书自乐。

叶大焯（1841—1901），叶观国玄孙。字迪恭，号恂予。清同治年间进士，历官广东学政，为教育事业作出了一定贡献。他与陈宝琛是正谊书院同学，相交莫逆，二人皆深得掌教林鸿年器重。清光绪十八年（1892），主讲正谊书院，勤于训迪，并撷选生徒课艺作品，整理成《辰申集·正谊书院课艺》刊刻。

叶大邆（1845—1907），叶大焯堂弟。字敷恭，号铎人。清光绪六年（1880）进士，也曾主讲正谊书院，热心培育人才。

叶在琦（1866—1907），叶大焯长子。字乃珪，号肖韩。清光绪十二年（1886）进士，曾任贵州提督学政等职。光绪二十七年（1901），应闽浙总督许应骙礼聘，任全闽大学堂监督。光绪二十九年（1903），又以凤池书院改名福建高等学堂，为创办新学、培育新式人才作出贡献。

# 传承工艺　商业名世

古人认为"万般皆下品，唯有读书高"，更以"士农工商"的职业分类排序，以凸显贵贱有别。坊巷中的企业家、商人等群体所构成的商业文化是该地区独特的文化面貌，同时它也从另一个角度阐释坊巷中"开风气之先"的一面。

### 脱胎漆器沈氏世家

↑ 沈绍安画像

沈绍安（1767—1835），原籍江苏吴兴，福州脱胎漆器创始人。其出生时，家庭已没落。他少为油漆匠，学习漆艺。出师后自己开店，以漆器加工为业。经他一手经营，脱胎漆器逐渐风靡远近。

沈初朱（1789—1849），字拱璧。脱胎漆器第二代传人。清道光年间，沈初朱生产各种烟斗、咖啡具等新品种，以适应欧美人士的喜好，并改革脱胎漆器工艺，逐渐打开了国际市场。

↑《沈绍安脱胎漆艺》（福建美术出版社2013年版）

沈正镐（1850—？），字右笙。在杨桥巷继承祖业，并招聘三十多个民间艺人，以提高漆艺技术与产品质量。民国以后，沈幼兰（1890—1964）在仓山塔亭路开了"兰记"漆器店，广求名人字画、名贵陶瓷、古铜等名器，以作参考借鉴，创新产品；同时，开展多种经营活动，产品享誉国内外。

### 西堂尤氏世家

清初，尤家自江苏吴县南迁入闽。早年尤家聚于闽侯甘蔗一带以养蚕缫丝为业。清道光初，尤孟彪在安民巷口开设"尤恒盛"丝线店。历经尤贤模、尤庆钊等几代人共同发展，逐步成为福州大工商家族，成为商业世家。尤孟彪长子贤赞一生勤劳谨守，发迹后在文儒坊购得清四川总督苏廷玉大院居住。

↑ 衣锦坊的尤氏民居

尤孟彪（生于清嘉庆年间），父亲死后，尤孟彪辍学到春育亭缫丝铺学艺。艺成在安民巷口摆丝线摊谋生。道光初年，由于丝线质量好，为人厚道，渐有积累，便在安民巷口开设"尤恒盛"丝线店，之后经营扩及省内各地。

尤贤赞（生卒年不详），尤孟彪长子。尤孟彪逝世后由尤贤赞主持家业。文儒坊

↑ 改造后的尤氏民居，现为福船博物馆

新居即成，他亲书一联："家声开石里，儒业守梁溪。"尤贤赞晚年双目失明，其兄弟尤贤坡、尤贤建也相继过世，店业重新分工。

尤贤模（1853—1940），尤孟彪第五子，字楷庭，有经商天赋。幼年在农村放牛、砍柴。19岁到福州，在长兄贤赞掌管的尤恒盛丝线苏广店中学习。经勤学苦练，业务日渐精通。他主持店务后，自奉俭朴，与工人同甘共苦，数十年如一日。清末民初，在尤

↑ 刘齐衔半身像

贤模的策划下，尤家第三代四兄弟在上杭街开设"尤信记"商行，经营百货、药材、土产等批发业务。尤贤模经常告诫家人：做生意要讲信用，做到货真价实。

### 龙山刘氏世家

龙山刘氏，一世祖为刘宏海，其子刘彬于明宣德三年（1428）移镇福州右卫指挥使，遂迁家于闽。明末，龙山刘氏族人参加抗清斗争失败，四散避祸，或究心学术，或从事经商贸易，后在光禄坊营建住宅，是为刘家大院。此家族是文儒名门，其代表人物有台湾府学训导刘家谋、文字学家刘家镇、名宦刘齐衔等。刘氏一门也是工商业大族，为近代工业发展作出很大贡献。

刘崇伟（1879—1958），字健庵。福州刘氏民族工业的代表人

↓ 刘家大院

物。早年留学日本，后任福建银号经理，创办福州第一家糖厂，后又办纸厂。清宣统二年（1910）发起成立福州第一家电气股份有限公司；民国元年（1912），成立福建电话股份有限公司。至民国十六年（1927），电气公司固定资产已达两百余万元，工人近千。后又联合家族兄弟创办多家企业，形成了相当规模的民族资本集团。

刘崇伦（1885—1937），刘崇伟之弟。字雅扶，俗名"电光五"。从日本留学归来后，继其兄崇伟负责刘家企业集团。他以电气公司为中心，先后兴办修理厂、冰厂、油厂、锯木厂、精米厂、炼糖厂、电话股份有限公司、刘正记轮船公司等，使企业发展壮大。20世纪20年代中期，福州刘氏民族工业达到鼎盛。

↑ 刘家大院一景

↑ 刘家大院内景

↑ 刘崇伟家人合照

南后街，原名后街。位于南大街（八一七北路）之西，界于"三坊""七巷"之间，是二者中轴，故有人将南后街形象地比喻为翻开书页的"书脊"。这里名士云从、巨商麋集，自古即为繁华的商业文化街区。历史上，南后街一直是福州市商业中心，柴米油盐等生活店铺一应俱全，且聚集了许多福州传统工艺行业，包括裱褙、笔墨店及书坊等。南后街呈现的民俗多同于福州市区。这里的庙会和灯市构成了南后街一个独特现象，向世人充分展示了南后街的民俗文化风貌。

↓ 南后街牌坊

# 第四章
# 南后街民俗

↓ 水榭戏台·闽剧（胡发秋 摄）

# 岁时节俗

## 春节

**祭天** 旧时，正月初一黎明，各家就开大门，焚香燃炮祭拜天地神灵，家中厅堂内陈列青红老酒、福橘、菠萝及花生、瓜子、红枣等，以祈新年吉祥。所供各物寓意大多为众人熟知，唯有菠萝，乃是因为在方言中发音如"旺来"。

**太平面** 初一早，除非茹素，合家用餐"太平面"——鸡汤、线面，面里放两只鸭蛋。传说线面是九天玄女给西王母的寿礼。线面是由面粉经揉搓、发酵、切条、拉抻、晾晒等工艺制作而成，细细长长，意寓"长年平家"，且入腹柔软，有养胃之用。鸭蛋则寓"压浪"，可见本土人民对向江河湖海讨生计的敬畏；又有称"鸭卵"，寓"压乱"，以祈平安。因线面长可达数十米而中间连缀不断，故此面亦称"长寿面"。

**书红** 初一日，多用红书写吉语，如加官、晋爵、迎祥、迪吉等语贴于门户上。

**拜年** 初一盛服祭祀毕，序拜称觞，祝尊者寿。然后出拜亲族邻里。长辈给晚辈发"红纸包"，谓"压岁"。清人王式金《福州竹枝词》："儿童连日拜新年，红线穿来压岁钱。最妙袖中怀橘满，累累附落画堂前。"俗语中也称"拜年拜年，没橘也要钱"。旧俗，凡儿童到人家拜年，尊长必赠橘三枚，又以红髻巾穿钱满百挂其襟，即为"压岁"之用。

**供饭** 初四日家家置办甑饭（米饭煮半熟沥出，置于藤质甑中隔水蒸熟），当空迓神，并写天官赐福及财神。"喜迓神麻，比户都思富贵求"即此写照。

### 元宵节

**灯市**  即沿门悬灯，通宵游赏之谓。据史料记载，福州花灯始于唐，盛于明清。花灯制作选用纱、绸、缎、绢、纸、玻璃等，可制成宫灯、走马灯、壁灯、挂灯诸种。南后街花灯制作有裁纸、染色、破篾、扎灯架、捏泥人面、糊纸等多项工序。

制灯业的发达，对福州上元节、中元节的影响至深。正月十五上元节的灯火盛况，福建省以福州为最，福州又以南后街为最。不论是以数量、技艺和展示时期，都为他处不可比。初六、初七之后，南后街灯市始开。灯市上各家争奇斗巧，极富盛名。南后街是灯火集中展示之地，也是观赏民众较多的地方。谚云："上元灯市中秋塔，车马如潮南后街。"陈少香诗云："隔巷帘栊横笛夜，后街风月买灯天。"俗语："前街买卖蚶，后街买卖灯。"作家冰心回忆南后街亦称："我们老家在福州市南后街，那条街从来就是灯市。灯节之前，就已是'花市灯如昼'了，灯月交辉，街上的人流彻夜不绝。"

明清时，南后街有二十多家花灯制作店，至今依然保存有六七家，均为无大门店的作坊式家传花灯制作店。2007年，南后街花灯制作工艺入选福建省第二批非物质文化遗产名录。近年来，每到元宵节，福州市政府出资请工匠做高大的花灯，在南后街及附近五一广场等处举办灯节，使这一民俗在政府支持与呵护下得以保存与发展。

**搭鳌山  结彩棚**  郭柏苍《乌石山志》记载："每年上元十三

至十五夜，驾鳌山，玲珑飞动，人物、花果、禽鱼皆裁缯剪彩为之，箫鼓喧腾，煎沸道路。"当时全国各地皆有花灯作坊，而尤以福州和苏州为上。观灯活动中，以大型的鳌山、彩楼为最。所谓搭鳌山，就是在灯火鳌山上摆出自然景观、山川树木和人文内容。这是富裕人家才能具备的高级彩棚和大型灯组。鳌山高耸，灯烛漫烧，构成灯会中的亮点。宋王子献《福州观灯诗》曰："银烛烧空排丽景，鳌山耸处现祥光。"

**送灯**　因南后街诸制灯坊质量优胜，成了福州制灯集散地。"正月元宵灯，外婆疼外孙。送来红红灯，吉利又添丁。"因"灯"与方言"丁"同音，故送灯有添丁之祈寓，从而形成娘家向出嫁女家送灯之俗。一般是元宵节前，亲家舅就扛着甘蔗去外甥女夫家送花灯。送灯的时候，甘蔗上挂送子观音灯，并有干豆腐（方言为"豆官"，意为当官）、海蛎（方言为"弟"，意为生弟、招弟）、福橘、蒜头等意味吉祥之物。出嫁当年，娘家一定要送灯。正月送灯是有讲究的，除了第一年要送"送子观音灯"，遇到不同的情况要送不同的灯。女儿出嫁第二年，如果还没生养孩子，娘家就送"天赐麟儿灯"。假如这时候女儿怀孕了，就送"孩子做盆灯"，希望孩子平安顺利出世。第三年如女儿仍未生养，则送橘灯，因橘与方言"吉""急"相似。当女儿生了儿子，外婆要为外孙送"状元骑马灯"，希望外孙长大后高中状元。此外，还有荷花灯、绵羊灯等均是小儿喜爱的玩具。娘家在每年正月里要给女儿家送灯，直到外孙、外孙女16岁为止。这一风俗至今不移。

**转三桥**　也称"绕三桥""走三桥""走百病""走平安路"等。福州元宵节，或在闽山庙会后，妇女们往来于数桥之间，游走

南后街制作花灯塑像

以祈求避邪趋吉，祛除百病。青年妇女是"转三桥"的主要群体。她们在元夜结伴出游赏灯观景，乘月色过桥临水，寄托美好的祝福与愿望。

在福州地区，这种仪式也寄托着人们求子添丁的愿望。福州方言"三"与"生"谐音，蕴含"生育"的含义。据说，那些欲"生育添丁"的妇女乘轿或步行经过这些桥时，有许多孩童尾随围观看热闹，高喊"求饶灯"（谐音"求到丁"）。

颇值一提的是，传说一些看热闹的青年男子，常会捡到妇女头上掉下的发簪等首饰。清陈世程在《闽中摭闻》书中就记载了一幅"福州元夜风情图"："三山元夕，灯火最盛。游人士女，车马喧阗，至二十外。薄暮，市上儿童，连臂相呼，谓之'求饶灯'。妇女从数桥上过，谓之'转三桥'。宋方孝能诗云：'灯火风摇沽酒帘，月中人数卖花钱。少年心事如飞絮，争逐遗香拾坠钿。'"明邓元岳《闽中元夕曲》其一曰："邀来女伴转三桥，歌舞丛中落翠翘。归去春闺愁不寐，更无肠断似今宵。""拾坠钿""落翠翘"，均指妇女们在拥挤的人群中不小心遗落头饰，让人捡拾去了，这也成灯会中一个景观。也可知，专制社会里女性地位低微，"三步不出闺门"，在夫权统治下，谈不上有什么社会活动，一年只有一天自由，就是正月十五的元宵夜，可随家人出外观灯。晚清时，林孝恂（林长民父，林徽因祖）与其游氏夫人也是在南后街灯节时一见钟情却无由相识。殆及成婚，始知新人即路遇佳人游氏，堪称美谈。

**灯谜 灯联** 猜灯谜一说起源于南宋，人们把谜语写在纸条上，然后贴在彩灯上，供人竞猜。这项活动深受民众喜爱，观者驻足观看，乐此不疲，"或尽一宵之兴，或订三夕之期，斗巧争奇，颇多佳制"。有些谜题大雅浑成，深受读书人的喜爱。

何刚德《灯谜》诗有云："一枝烛影纸屏开，射覆群中骋捷才。"灯会谜题丰富有趣，如出谜题为："日暮汉宫传蜡烛"，要求猜《诗经》二句"夜未央""庭燎之光"；出题"一声报道金钗落"，要求猜《尚书》句"不匿厥指"；出题"君向潇湘我向秦"，要求猜《易经》句"各指其所之"。

除了灯谜，还有灯联。它们或为节庆写实，或为盛世祝颂，充满文化气息，如"园叙天伦，春夜初开仙李宴；亭题族谱，名山合勒老苏文""一姓衣冠明德后，六街箫鼓太平时""东风花放同根树，明月天开不夜城"等联句。徐熥有诗云："花笺五色制灯联，榜向街头境社前。缓步巡檐看一过，就中都说太平年。"

近年上元节，南后街光禄吟台以及沿街商家店铺等依然有猜灯谜等娱乐助兴活动。

### 拗九节

当代诗人王彦行有《晨起食拗九粥，偶忆吾州旧俗，戏成竹枝词三首》并自注：生看值九数，在明九或暗九皆食之。亲知亦互相馈腾以果肴。

首春影物异寻常，
儿女狂歌主妇忙。
元旦上元都过了，
再过拗九便收场。

家家汤粥不嫌甜，

红枣花生样样兼。

逢九亲朋相馈饷，

娇儿吃罢更求添。


后街灯市尽收摊，

锣鼓龙灯兴亦阑。

只有书呆闲不住，

翻书拣笔一盘桓。


　　正月廿九是开春后最后一个本月九，故称后九。民间指"九"为不吉利，有"坎、关"之意。"拗九"即将九折断，也叫窈九，如同花到酴醾春事了，到了廿九，正月的热闹即告阑珊。

　　拗九节主要有两种指喻。一指孝顺节。叶梦君《孝粥》云："怀橘蒸梨意不同，一盂枣粟杂双方。年年报哺同乌鸟，此意榕城有古风。""一盂枣粟"即为拗九粥，以糯米、花生、红枣、桂圆、荸荠、红糖等食材熬制。此日全家吃拗九粥。出嫁女要掼粥（拎提着粥）回家"送九"，即携拗九粥、太平面、猪脚或鸡，送回娘家，以寄孝心。父母则以福橘回礼。也有传说拗九节源自佛教"目连救母"。两者在"至孝""食材"上有共同点，但究竟是否同源尚未找到确切史料。

　　二指送穷节。林祖焘《闽中岁时杂咏》云："相传拗九饴芳辰，各煮粥糜杂枣榛。扫尽尘封投尽秽，送他穷鬼迓钱神。"此日，凡是岁数个位数为9的，称为"明九"，如19、29、39等；

岁数为9的倍数的，称为"暗九"，如18，27，36等。拗九节这天，除了吃粥外，还要吃太平面，一祈平安，二祈送穷。再加上"九"与方言"垢"的音同，故此日家庭打扫庭院，个人沐浴洗涤以求离垢。

拗九节习俗在2005年被福州市有关部门定为"福州孝顺节"。

## 三月三

上巳节是中国传统节日之一，俗称"三月三"。这天，人们结队至河滨洗濯沐浴，祓除不祥，并有"禊饮""踏青"等节俗活动。魏晋南北朝时期，上巳日成为文人雅集的佳日。

福建地区，上巳节习俗自汉初即已出现，唐、宋时期兴盛不衰。北宋时福州知州程师孟曾于上巳日游览东禅寺，并作诗一首，有句曰："百年骚客来闲处，三月游人作乐天。"

**迎神**　在福州，"迎神"活动盛行，场面壮观。甘满堂《闽侯县傅筑泰山宫迎神赛会调查》载："傩舞表演者是脸部套上面具进行表演……而'塔骨'则将之扩大化，使其形象更为高大威猛。"

据相关史志载，明代闽山庙在上巳节举行"游神"活动。《闽都记》载："里人迎神，金鼓喧沸。"明正德《福州府志》载："三月三日，迎赛闽山庙神，妆扮神前仪从，裂彩为台阁，以小儿妆铁枝，罗绮珠翠，极其侈丽，费用不赀。"陈元珂《重修闽山庙记》中记载：正统十三年时，福州乡民谢雄等人上书当局，要求重建闽山庙宇，乡民"崇奉弥笃"。每年三月三日，"则聚富室珍服奇玩，竞为杂剧，前道神像，遍游于市肆，夜则奉小像于委巷，喧呼竟夕"。人们摩肩接踵，赴此盛会，观看游神活动。

斗宝 "斗宝"活动由来已久，成语有"临潼斗宝"，释义是相互夸耀、争强竞胜。庙会中的"斗宝"从某种意义上说，就是"庙市"。

闽山庙"斗宝"活动热闹非凡。福州地区有"闽山庙斗宝""三月三斗宝"谚语。叶观国诗曰："闽山庙里看灯回，火齐冰纨满案堆。"陈元珂《闽山庙记》亦记载："每岁三月三日，则聚富室奇玩，竞为杂剧，道神出游，是闽山庙斗宝，不独元宵矣。"

郑方坤《全闽诗话》中，还记载一个有趣的故事：徐火勃对荔枝种植、保藏很有研究，曾撰有《荔枝谱》。书中记载珍藏荔枝的方法说："乡人常选鲜红者，于林中择巨竹，凿开一穴，置荔节中，仍以竹箨裹泥封固其隙，借竹生气滋润，可藏至冬春，色香不变。"《荔枝谱》刊行后，一些读者对这种保藏方法深感疑问。福州文人邓道协就曾致信其友黄居中，批评"此语颇异"，认为"徐谱神其说，启后世之惑"。黄居中回信为徐火勃辩护，认为这种保鲜法"未可尽非，故存以俟知者"，叫他不要断然否定，留待他人判断则可。徐知晓此事后，遂致信邓道协，为自身辩白曰："足下谓仆，藏生荔枝于巨竹中，至冬春不变，神其说，启后世之惑。此非仆之臆说也，三山元宵最盛，而神庙中各出珍奇。生荔留至春时，往往目击之。家兄《元夕词》有云：'闽山庙里赛灵神，水陆珍羞满案陈。最爱鲜红盘上果，荔枝如锦色犹新。'此一证也。足下居与闽山最近，试询之乡长老，则知吾言之不诬矣。"今此俗已消逝。

## 清明节

楮纸 清明节时上坟扫墓，清理墓周，包括去除杂草、疏水道、整理墓碑等，祭清酒三杯及供光饼、果品等，祭毕在墓周"酌纸"。"酌纸"，是在坟头压钱纸，而不是一定要烧纸钱。所谓"坟前致祭酒三杯，点滴何曾到棺材；地下料到无币厂，只好人间造钱财"。

酌青　扫墓归家即在家门上"酌青"，也称"插门青"，即取墓前柏松等枝条野花插于担头，归家插挂门前。许遇《家山杂忆》中有"野棠枫落纸钱飞，漏日穿云两脚微。散福酒醒人家寂，松楸压得担头归"。自注：祭扫毕即列坐饮于墓所，牛羊初下，夕照方残，已摘野花松叶，压檐而归。王式金《竹枝词》亦有"祭毕斗山人影散，松楸青压担头归"句，意在祈愿先人如松柏常佑门庭。

又有插柳为纪。俗传源自唐。黄巢入闽大肆杀戮，有仙人托梦乡民，教以插柳于门避之。因为黄巢把柳当作黄鸟栖居之巢，以为毁之为不祥。故以"插柳"为厌胜之法。刘家谋诗有"柳花荠菜年年梦，牢九登盘转忆乡"，并自注：清明插柳，上巳悬荠，吾乡故事也。

褒褒鬼　清明节除上坟外，还举行家祭，焚纸箔，以告慰先人。清明节祭品中必有"褒褒鬼"，即"清明粿"——糯米磨浆混和菠菠菜（叶似野艾、干矮）汁制作成皮，分别包入萝卜丝馅、绿豆或红豆沙馅、八果等，放在黄旦叶上，置于炊具上隔水蒸熟，呈碧绿色。孙亨文诗《闽俗清明》："插柳檐牙随俗宜，清明家祭本追维。沿街陈列褒褒粿，豇豆还兼菜头丝。"之所以称为"褒褒鬼"，是因方言"褒"意为"哄"，如小孩哭闹，需大人"褒一褒"。黄旦叶有疏肝清胆之效用，可以化解糯米带来的黏滞。

## 端午节

"未吃午节粽，棉袄不入瓮"，是遵循端午节时气温不定、冷暖多变的气候总结出来的时令智慧。农历五月初五前后，是各种毒虫瘟疫瘴疬出没时，因之百虫中尤以蜈蚣、蛇、蝎、壁虎、蟾蜍为毒物之盛，故五月被称为恶月或毒月。因此驱瘟逐疫是先民当时最重要的事。按本地风俗，从五月初一就开始算过节了。《福州府志》云："五月一日始，人家悬蒲艾，妇女系续合丝，佩符，簪艾虎，做粽。"

**插艾** "清明插柳，端午插艾"。五月初一起，各家门前就插上艾蒲，以红纸裹成束，钉于内外门框左右。郭柏荫诗云："艾旗蒲剑两平分，披拂当门蔼绿云。薜荔为帷茶结屋，骚人居处尽香芬。"即此写实。

**午时书** 佚名的《闽俗午时书》云："漫论落纸句难工，醉墨挥时日正中。却胜书符王镇恶，午窗泚笔快题红。"门上除插艾蒲外，还贴有七八寸长的小对联"午时书"——以端午为主题、搜肠索肚创制、必在端午时书帖的"对联"。

端取乎正，午得其中。

良辰吉日，人醉我醒。

数符天地，运际唐虞。

不效艾符趋时俗，但将蒲酒话升平。

屈子自醒人尽醉，孟尝长富我甘贫。

……

相传明末坊间有屠户徐五作午时书："门幸无题午，人惭不识丁。"被路过的大学士曹学佺见后，大为激赏，后成知交，为"午时书"平添一分佳话。董平章《榕城端午竹枝词》："争投角黍吊三闾，佳节流传五月初。最是故乡文物盛，屠门也贴午时书"，即书此事。又可见，福州人善诗钟的文人雅趣也寄寓于生活的日常。

南后街读书人家多，因之各家午时书均极有别思，且自撰自书。而农工人家则在市间购买而已，其内容多如：十闽佳节，三楚遗风……

**五色丝　香囊**　五月初五清早，儿童穿上红肚兜和新衣，手臂上系着五色丝。五色丝代表五龙，驱邪避瘟。又旧传五色丝是蛟龙所畏之物。毕竟端午过后，已是适于下河戏水的季节了。五色丝又名长命缕、续命缕，传说中可以避蛇。五色丝要戴到农历七月初七才会解下搁在屋顶的瓦上。据说，到时候喜鹊为帮助牛郎织女相会，衔去五色丝做搭鹊桥的材料。董平章《榕城端午竹枝词》："村童总角女垂鬟，续命添缠缕几条。不解彩丝悬腕后，何能助鹊驾灵桥。"儿童颈脖上挂着裹成菱角状的香囊，囊中放置白芷、山奈、藿香、檀香等避秽除湿之类的香草。

**粽子　荷叶包**　五月初五午时祭祖，其中飨品必有粽子（糯米淘净，夹以枣、栗、柿干等，以竹叶或粿叶包扎紧实）、荷叶包（面粉制成如荷叶的扁形包子，食时可夹五花肉或米粉肉）。郭柏荫《午日征事诗》云："异制争夸荷叶包，宾筵折俎配燔炮。传闻京宦思乡切，画饼都成样子钞。"

**午时水**　《大戴礼记》中有"蓄兰，为沐浴也"。南后街亦有此俗。端午节时儿童还须洗午时水（极阳水）——此水取自山泉河水或井水，在太阳下暴晒三十分钟，加以菖蒲、艾草、压煞符洗澡，有防虫、防疫、制煞、增运之用。另，所取午时水有时还用瓶贮密封，以备肚子疼或水土不服时之用。近年来，此举亦已式微。

**洗厝** 五月节，家家打扫庭除，洗厝做卫生。早年间大节中，如端午、除夕洗厝需求太多，因此还产生了一个早期家政服务的行业——上门洗厝。多数从业者是疍民妇女。

**点雄黄** 《本草纲目》载，雄黄，乃治疮杀毒要药，又称石黄、黄金石、鸡冠石。《白蛇传》中白娘子白素贞不慎饮了雄黄酒，而无力抗拒药效，现出原形。因而可知，古人即认为，雄黄可以克制蛇、蝎等百虫。因雄黄主要成分为硫化砷，具有毒性，故雄黄酒多是白酒中加入极微量雄黄。点雄黄，是大人在孩子额头、耳鼻、手心、足心处涂抹雄黄酒，额上写成"王"字，据说是因雄黄特性，有去除疥癣恶疮等皮肤疾病之功。"唯有儿时不可忘，持艾簪蒲额头王"，即说明给儿童启蒙的端午"点雄黄"民俗是何等深入人心。因雄黄使用有禁忌，近世"点雄黄"则是以"虎杖"代雄黄而用之。

**午时茶** 端午日饮用多种解毒清热的草药熬制的茶，称午时茶。

**看扒龙船** 龙舟，称为扒龙船，民众于端午日前往各河江渡口观看锣鼓喧天、人人奋进的"闹热"。有文字记载的福建文学史上第一位女诗人陈金凤在闽国王延钧时期所作"西湖南湖斗彩舟，青蒲紫蓼满中洲。波渺渺，水悠悠，长奉君王万岁游"，即示福州龙船早已盛行。唐五代以来，端午的龙舟已为盛事。与各地端午龙舟纪念屈原的不同传说是，本地端午龙舟是为了纪念不屈的英雄闽越王余善，他操练水师，建钓龙台，以刻制的白龙头牌为奖品，令沿江健儿角逐，以鼓舞斗志。又因扒龙船在方言中与"白龙船"同音，故为此说似又添一佐证。

端午日还有燃放黄烟，熏沐庭除内室以驱蚊虫，以及门上贴普安符等习俗。

### 立夏

立夏日，家家煮鼎边糊、炊碗糕祭祖，谓之"做夏"。

**鼎边糊** 又称锅边糊，现已为福州市民日常早餐之一。其做法是把粳米磨浆，米浆不要控得太干。用大火烧开鼎中小半锅水，趁着大火热锅，把米浆环绕着锅的未被汤水浸过的上半截即倒即熟。技术好，倒得又薄又均匀，一熟就用锅铲刮起，像蜕皮一样，一片片干米浆的"糊"就一卷卷整齐地落在汤中。汤中加葱、熟鱼干（鲥鱼干）、虾米等。鼎边糊常与油条、油饼、碗糕或三角糕搭配着吃。

关于鼎边糊，至少有一个传说是当地人耳熟能详的，那就是与戚继光有关。戚家军歼灭倭寇后，当地乡民备下丰盛的菜肴准备为官兵接风。就在准备得热火朝天时，戚家军接到报告说又有一批倭寇来袭。戚继光命队伍马上集合，准备出发。百姓们着急，也心疼官兵们没吃饭就又要上阵杀敌护民。于慌忙中有人想出主意，将米浆用肉丝、金针、木耳、蛏干等混在一起煮成美汤。米浆过锅边，顷刻即熟，不消几分钟，就都煮好了。将士们饱食后上阵，将倭寇全部消灭……

**碗糕** 立夏里与鼎边糊匹配的，更多的是碗糕。碗糕的主要食材也是米浆。家中日常要做碗糕时，常用的工具是瓷的酒盅，先把酒盅内壁抹上点花生油，倒入米浆，上面撒些芝麻，放入蒸笼——

一种方言称为"算"的藤编炊具，或者直接放在一个篦子上入锅蒸，讲究的在炊具里面放荷叶，而藤条蒸笼本身已有一种草木之香。锅中加水烧开，把"算"放入锅，将碗上屉，旺火蒸 15 分钟便熟。

据称碗糕可明目，鼎边糊里含的蛏子壳熬煮的汤也有清心明目的作用。郑丽生《福州风土诗》："栀子花开燕始雏，余寒立夏尚堪虞。明目碗糕强足笋，旧蛏买煮鼎边糊。"

## 中元节

七月十五为中元节。《闽大记》云："中元，洁厅宇，设祖考斋筵，作盂兰会，仍以楮衣逐位焚献。女子知人，修礼于故父母，往来充斥道路，各送纸衣。"

烧纸衣　此日，家家祭祖，谓之"烧纸衣"。女子出嫁生有子女，每年中元节，必以冥镪、纸衣送外家焚化，此为外孙、外孙女敬其已故的外祖父母。所谓"纸衣"，是冥衣的一种，以黄色或白色巨纸，印上冠履、衣裳、袄裤、背心、马甲和布帛绸缎等图案。很多人家都存有雕版，自己印刷；冥器店也有发售。每份若干张有定额。是月祭祖，必将女婿、外孙所送的纸衣焚化。除了纸衣，还有用纸裁剪或糊制成先人冠服袍笏之类，百物悉具，笼之以纱的"纱箱"，同纸衣、贴有锡箔的"纸箔"，都是在祭毕后，找家中空旷处，人人围聚，目视焚燎。刘萃奎《福州竹枝词》："中元花果满僧寮，为说盂兰是此朝。更有纱箱糊服饰，女家添送纸衣烧。"至今中元节依然有烧纸衣习俗。

盂兰盆会　盂兰盆，有解痛苦救倒悬之意。起源于《盂兰盆经》载佛教弟子目犍连报恩救母事。梁武帝重之，故设盂兰盆斋。先在寺院盛行，后流传民间。至宋代，民间盂兰盆会与道教"中元地官节"合一，流行道士育经普度众鬼，使之得以解脱。民间认为农历七月是鬼门关大开之月，因此七月也称鬼月。盂兰盆会将超度亡灵与祭祀祖先融合，原先的"孝亲"成为"祭鬼"，因此普度即成盂兰盆会的俗称。

旧时的盂兰盆会，富者在家中设祖考斋筵荐献，穷人则于附近寺院供设。普度时，各街巷广设经坛，陈列阴曹十殿，纸扎鬼魅、奈何桥、鬼门关等，诵经超度孤魂野鬼。"普度不出钱，瘟病在眼前。普度不出力，矮爷要来接。"因此街巷居民家家出钱，共襄此举。盂兰盆会中，还有施食和上座的习俗。施食，即家家具斋，以馄饨楮钱等，在街头巷尾祝而散之；上座，即延请僧众礼。林祖焘《上座》所云"上方清供下馒头，超拔众生滞九幽。穿着袈裟铙钹响，喃喃合十几缁流"，即咏此事。

做普度规模大，花时间长，六年一次或十二年一次，每次要三昼夜或七昼夜，甚至七七四十九昼夜。其间挑幡招魂，诵经礼忏，糊纸扎，演傀儡戏，人力、财力花费甚巨。1949年后，普度、上座等都在寺院举办。唯有施食，还可以在街巷看到。

## 中秋节

中秋赏月，围坐吃月饼，都与各地同俗。而中秋张灯，还有摆塔习俗为福州中秋节特色。

摆塔，也称排塔、礼塔、拜塔。摆塔传说也与戚继光有关：1564年戚继光渡海，剿灭平潭岛积倭，回师到福州，恰逢中秋

　　节。福州百姓为迎接凯旋之军，纷纷将家里珍存的古玩珍宝等贵重物品摆在门口庆贺。福州多寺多塔，摆设品因而多为塔形，故称为"摆塔"。

　　董平章《八月十四日写怀》云："忽忆儿童呼礼塔，故乡明日是秋中。"自注：*闽俗中秋夕，寺僧于塔上张灯，人家儿女亦设土木小塔，香花供佛，群罗拜，称为礼塔*。杨庆琛《乡俗杂诗》云："三尺浮图对画帘，如拳罗汉亦庄严。年年点缀中秋景，盘果瓶花几席添。"刘存仁《八月十四夜望月放歌》云："儿童拜月兼拜塔，联臂膜拜歌清讴。定光坚牢征故实，韵事首数塔影楼。"自注：*吾乡中秋，儿童俗沿拜塔。闽省会定光、坚牢二塔，中秋灯光如昼，游人甚夥*。

　　自八月初十前开始摆塔。各家正厅之上陈列巨案，案之上层陈列一小塔，高有一至四尺不等，塔身为银制、铜制、瓷制，陶土制的最为普通。塔边设有佛道偶像，如弥勒、观音或唐三藏师徒，或僧尼，或渔、樵、耕、读种种泥偶。泥偶被钉在木条上使其直立。泥偶制作平时集中于南门外洋头口，唯在中秋移至南后街。除泥偶之外，还陈列家中珍藏的宝物，如珊瑚、玉如意等，争奇斗巧，尤其是富豪之家，仿佛石崇斗富一般。从八月十一至十五，五夜之间，灯烛辉煌，每夜开放，供路人入内参观，此谓看塔。塔市之拥挤，仅逊于灯市。摆塔最少要摆三层，多则摆十层，以土塔或铁塔冠其最高层。八月十六即撤台，密而藏之，有的人家越集越久，越贮越多。摆塔在方言中还有排阔之意，乃是因此俗久传之后，成了富人的炫富之乐，平民的才艺之展。

　　民国以后，此俗渐移，至今已杳然。

## 冬至

俗话说："冬至大如年。"冬至的时候，太阳直射南回归线，阳光对北方斜射，北半球的白昼最短，而黑夜最长。过了冬至，北半球黑夜渐短，白日渐长，所谓"一阴下藏，一阳上舒"。陈希龄的《恪遵宪度》对冬至的总结最为精辟：*"阴极之至，阳气始生，日南至，日短之至，日影长至，故日冬至。至者，极也。"*

冬至，福州谓之"冬节"。冬节是福州民间四大节之一，同拗九节一样，是个孝顺节。传说很久之前，有个男子上山砍柴，不幸摔下山崖昏迷不醒，一只母猿搭救了他并与之成亲，不久生了一个男孩。母猿每天开心地照顾父子俩。一天，男子偷偷带孩子离开树林回家。日后，男孩努力耕读，心中却非常思念林中猿母。想起猿母先前爱吃糯米团子和豆粉，他就把煮熟的糍粘在门上、树上，期望猿母能闻到气味下山找到自己。果然猿母沿着气息找寻上门，全家终于大团圆。这一天就是冬至日。闽剧《孝子寻母》即据此而编。

**搓糍** 先用糯米磨浆控水，浆块揉捏和好。一家老小于冬至前夜团坐于案桌之前，焚香、供菊、点烛。孩子们念诵方言歌："*搓糍七搓搓，年年节节高。大人添福寿，小孩岁数多。红红水涨菊，排排兄弟哥。*""*搓糍七搓搓，伊妳瘼伊哥。伊哥务伊嫂，伊弟单身哥……*""搓糍"即搓糍团。"七搓搓"就是"搓了又搓"之意。"水涨菊"是福州此季盛开的多为人家所供养的红菊。"排排兄弟哥"是指孩童泥塑的烛台，这是冬至专用的烛台，又称"符身母"。"伊哥务伊嫂，伊弟单身哥"有"哥哥已有嫂子，弟弟你怎么还单着呢……"之叹，为节日平添温馨欢快与祈愿之意。

冬至日，搓好的糍早上入锅，用熟的糍祭祖，含祈求添丁增福意。煮好的糍在撒满香豆粉的大箥箕上滚动，又称"拨浪糍"，寓时来运转之意。

直至今日，同拗九节"掼粥"回娘家一样，冬至日，出嫁女也保留"掼糍"回家孝敬父母的习俗。

**晋梓**　旧时冬至举行祖宗牌位进祠堂的仪式。宗祠是宗族祭祀祖先处，也是血缘崇拜、祖宗崇拜最集中体现处。如今晋梓仪式在城中已经消亡，只在乡间犹存这一慎终追远的仪式。

## 祭灶

祭灶，也称祭灶公灶君。灶公灶君也称灶公灶婆、东厨司命。民间有灶必设神龛，或灶君纸张贴厨上，以示尊重。

农历十二月廿四，贴灶君纸——"东厨主宰"，纸中间上画定福灶君和增寿夫人像，下画奏善堂，两边书"调和鼎鼐神仙府，善理阴阳宰相家"。

祭灶用灶糖、灶饼、福橘、甘蔗、荸荠、菠菜及红豆腐、红枣、花生、柿饼等供品上供，焚香点烛，斟酒三轮，全家叩首并祷祝，希望灶君享用供品，上天讲好话、甜蜜的话。祭拜之后，将旧的已经用一年的烟熏火燎的灶君纸烧化，即送灶君上天之意。同时还要"请"回一张新的灶君纸代替之，到正月初四时再把灶神接回，谓之"接神"。

《闽中记》述：宋郑性之家住吉庇巷，未得功名之时，穷困潦倒。因祭灶日向屠户老板娘买肉赊账，屠户得知后大发雷霆，冲到郑家，从锅中"取熟肉而去"。遭霸凌之下，郑性之写下《画马送灶君》：*一匹乌骓一只鞭，送君骑去上青天。玉皇若问人间事，为道文章不值钱。* 然后将马烧掉算是祭了灶。郑性之后来中了状元。传说郑性之衣锦还乡时，一些曾经捉弄过、欺侮过他的恶少顽徒闻后"急避"而去，故称此巷为"急避巷"。但此说有悖于史料，学者孟超然在《瓜棚避暑录》中以为郑无报复之事。郑逝后被里社供举为社神，同样可明无此劣迹。

还有一则传说，主人公是"皇帝嘴、乞丐身"的罗隐。他家有九十九座山峰的祖坟，如果凑到一百之数，罗家就会出皇帝。罗隐的母亲又吝啬又凶悍，连别人支招将石竹篮放在祖坟边凑山峰数也不舍得。在与一姓万的邻居吵架时，她隔着厨房戟指说：我儿子罗隐要是当上皇帝，我就叫他用万斤石臼来枷锁万家。灶神听到了，觉得罗隐当皇帝就要毁了一万家百姓，便急急上天，向玉帝禀报。玉帝遂派天神来罗家，将罗隐当皇帝命的筋骨抽走。罗隐心知其事却无力抗拒，只得抵死不开口喊痛，这样，他的"皇帝嘴"因而得到保存。

"祭在，如神在。"须知，灶君长存民间，也让人们惕醒慎独，勿出恶言妄语，哪怕是在内厨私地。

# 传统艺术与工艺

## 百戏杂剧

郭柏苍《乌石山志》（卷4）记载，"每岁三月三日，以杂剧导神出游"，可以推测闽山庙会中表演的杂剧，具有祭神、禳灾祈福等目的。所谓"导神出游"的仪节，应是庄重的场面，其演出剧目（情）大多属历史故事及神话内容。一边演出，一边导游，人们用仪仗、鼓乐等形式配合神像出庙游行。

闽山庙会表演杂剧等节目，不独在三月三，元宵节亦有。谢肇淛《五夜元宵》诗曰："更说闽山香火胜，鱼龙百戏列斋筵。""鱼龙百戏"也作"鱼龙杂戏"。"百戏"一词出于汉代，泛指民间一切杂耍节目，尤以杂技为主。《汉文帝纂要》记载："百戏起于秦汉'曼衍之戏'，后乃有高绳（杂技中走索）、吞刀、履火、寻橦（爬竿）等也。"经历代发展，至明清时期，"百戏"内容愈加丰富。清代经史学家、诗文名家杭世骏曾作《福州竹枝词》，有句曰"春台幻尽鱼龙戏"。"幻尽"二字，可想象当时闽山庙会戏台上及周围竞演"吐火""倒立"以及"装扮"的各种"杂剧百戏"演出，用以娱神娱人。

## 闽剧与水榭戏台

闽剧，又称福州戏，是现存唯一用福州方言演唱、念白的戏剧剧种，流行于闽中、闽东、闽北等地区，并传播到台湾及东南亚等地。

　　说起闽剧，不由得令人联想到水榭戏台。它位于三坊七巷衣锦坊东口北侧，创建于明万历年间，原是郑姓住宅；清道光年间为孙翼谋家族所有，建筑恢弘大气。戏台就建在该院落花厅区域中。水榭戏台建在池上，池内养有水族，池底涌泉，长年不涸。池旁石栏板浮雕花卉。池东西两侧为假山、雪洞。戏台呈方形，面积30平方米，系单层平台，四柱单开间，九脊歇山顶，翘角上刻有精美的镂空"角鱼"，檐下夹角施雕花"弓梁"、垂柱；内顶上有方形藻井，周饰蝙蝠，象征福寿双全。戏台正对面建双层楼阁，可供聚会、看戏或登高望远。戏台三面临水，中隔天井，面对楼阁。旧时，每逢喜庆日，宅院主人会请闽剧班子来此表演，受邀的亲朋好友在厅里品茶、观戏。

### 福州伬艺

　　福州伬艺，原名伬唱，是一种传统的曲艺演唱形式。源于唐宋百戏，流行于明代末年。唱腔分为逗腔、江湖、歌和小调四类，由民间卖唱艺人使用福州方音说唱，有时自操二胡或三弦，表演时通常为一至二人。福州伬艺节目以中篇故事为主，辅以散曲演唱，深受福州人喜爱，三坊七巷中曾经也不乏表演福州伬艺的茶馆书场。2006年，福州伬艺被列入第一批国家级非物质文化遗产名录。

↑ 福来茶馆曾表演福州伬艺

### 福州评话

福州评话保留许多福州本地特有的口头语、俗谚、语法，因此被称为古老曲艺的"活化石"。这种艺术表演多以一人为主，分为高台演出、书场演出两种。高台演出是农村农闲的时候或城市人家喜庆时邀请前来演出，演期不长；而书场演出大多长篇大书。福州人称评话演员为"评话先生"。他不化妆，也不布景，仅用一只锣钹、一块醒木、一把纸扇、一条汗帕，搭一座高台，摆一张桌子就可演出。旧时，遇到节庆日，三坊七巷中也流行讲评话。评话先生在台上表演，街巷中坐满了观众。2006年，福州评话被列入第一批国家级非物质文化遗产名录。

### 抬阁

抬阁也作台阁、扛台阁、铁枝戏，是民众喜闻乐见的民间艺

↓ 闽山庙情景图

术，属于传统技艺之一，流行于庙会等民俗活动中，至今盛行。明正德《福州府志》的相关记载，生动说明了台阁演出的侈丽场景：

"三月三日，迎赛闽山庙神，妆扮神前仪从，裂彩为台阁，以小儿妆铁枝，罗绮珠翠，极其侈丽，费用不赀。"

《耻虚斋诗钞》中闽人郑洛英有诗云："盛时里巷有文章，彩幄银灯月旦长。赢得诸坊台阁看，打油诗句满街墙。"据《萨伯森文史丛谈》（海风出版社2007年版）民俗篇"台阁"条记载："庙刹驾鳌山，玲珑飞动；又为木架彩棚，装演故事，谓之台阁……城市、村镇庙社俱有之。"

## 十番

十番是中国传统民间乐器合奏乐种之一，其所演奏乐器"以金革为主，亦杂以丝竹"，故而乐声丰富。

十番又称十番伬、十班、十番吹打、十番锣鼓等。在福州，因"番"方言谐音"欢"，故又作十欢、叶欢、什欢。传说十番是为龙舞伴奏的打击乐，后来逐渐分离成独立的艺术形式。

↑ 坊巷中的十番演奏

十番分为坐奏和行奏两种。曲牌内容多表现人与自然、社会的关系。民间神诞庙会及举办喜庆寿诞时以十番音乐演奏烘托节日气息。

清乾隆初年，郑洛英《榕城元夕竹枝词》云："闽山庙里夜人繁，闽山庙外月当门。槟榔牙齿生烟袋，子弟场中较十番。"

道光年间，陈偕灿作《放灯词》云："里社阴浓绣绿苔，神祠光焰烛三台。十欢鼓乐前村去，一簇衣香载月来。"其后，吴继筬亦作有一首以"十番"为题的竹枝词，描述乐队竞争的场景："十番锣鼓鸣村庄，逐队分班也竞争。毕竟闽人沿旧俗，时闻爆竹杂声声。"另有一首歌咏十番的清末佚名诗云："风流佻达自成群，过市招摇带酒樽。后奏管弦前鼓板，香烟人气两氤氲。霓裳羽舞两缤纷，六社迎神集似云。父老闲评当时盛，'鹤鸣皋'以冠全军。"

2006年，十番音乐被列入第一批国家级非物质文化遗产名录。

## 皮箱

邓廷桢《闽行口号》中"别有镂金箱制好，天风吹样出红城"，即咏福州特产皮箱。皮箱以做工精美著称：以薄杉木板为骨干，表里夹以牛皮，牛皮是整张裁剪的，绝不偷料拼接。旧时民俗，嫁女必以皮箱为妆奁，或一对，或四对，按照家庭的丰俭而定；至贫之家无力购置皮箱，就以木箱代之。皮箱市集在杨桥巷，因店号多用"万"字，有"万福来""万福全""万福兴""万安""万利"等，故这里有"十万家皮箱店"之称。"万"者，取《诗经》"乃求万斯箱"之义。

皮箱业多为世守其业，抗日战争期间，原料断绝，皮箱业随之消歇。

## 福州脱胎漆器

福州脱胎漆器髹饰技艺的首创者是清乾隆年间沈绍安。沈氏早

南后街街影（陈品 摄）

↑ 脱胎漆器孔雀瓶

↑ 绿金脱胎荷叶瓶

年在南后街北口杨桥路开店，以漆器加工为业，并制售漆筷、漆碗、神主木牌等小商品。后经启发、试验、改进，首创最早的脱胎漆器。1898年沈氏后人作品参选巴黎国际博览会并获得金牌，在国际工艺界崭露头角。郭沫若曾赞福州脱胎漆器"天下谅无双，人间疑独绝"。如今福州脱胎漆器与北京景泰蓝、江西景德镇瓷器并称为"中国传统工艺三宝"，享誉国内外。这亦可谓南后街工艺的骄傲。2006年，福州脱胎漆器髹饰技艺被列入第一批国家级非物质文化遗产名录。

### 寿山石雕

寿山石为中国传统"四大名石"之一。南宋时，福州寿山石矿得到开采，经过元、明、清三代发展，寿山石雕产业逐渐形成。相传康熙皇帝曾用寿山石制玺。这种技艺在发展过程中广纳博采，融合中国画和雕刻技艺，美轮美奂，呈现出独特的艺术魅力。艺人利用石料的天然色泽，并根据石块形状和纹理进行构思和艺术加工，品类有人物、走兽、山水、花鸟、果蔬、海产等，也有制作成印章、文具、烟缸、水盂等实用工艺品，兼具观赏和收藏价值。三坊七巷里许多店铺和名人故居中都收藏或展示名家的寿山石雕艺术精品。2006年，寿山石雕被列入第一批国家级非物质文化遗产名录。

### 福州牛角梳

福州牛角梳是以牛角为原料制成的梳子。制作角梳选料讲究，只选质地坚实、不易弯裂、不伤皮肤的"南牛"和"北羊"的角，经过二十多道工序，方能完成。这样才能使每支角梳都色泽莹亮，光润如镜。然后按照梳势在角梳上印字，有的还描绘人物、山水、飞禽、走兽等图案。据《本草纲目》载，牛角，酸咸、清凉、无毒。牛角本身是一种中药，长期用牛角梳梳头，可疏经活络，促进头部血液循环，有益健康。现代著名作家郁达夫赞叹："福州女子有此宝物格外标致起来，女子美的水准竟高过苏杭女子数倍，像是希腊古代的雕塑人形。"三坊七巷里的铺面多有销售牛角梳，游客游走坊巷，总能在不经意间邂逅这古老工艺。

### 福州木根雕

福州木根雕艺术源于唐宋时期的寺庙建筑和神像雕刻，以龙眼木、黄杨木、荔枝木、樟木、红木、茶树木等为主要材质，借木形纹理巧妙构思，雕刻成各式艺术品。根雕界流传着"中国根雕看福建，福建根雕看福州，福州根雕看象园"之说。

清咸丰年间，象园木雕艺人柯世仁用黄杨木作原料，始创具有福州地方特色的黄杨木圆雕人物作品。时有客居福州的长乐人孔某另辟蹊径，利用天然树根疤节，制成各种人物及禽兽，作品惟妙惟肖，一度风靡福州。行走三坊七巷中，不时会见到木根雕艺术品。

↑ 南后街街景（邱嘉琳　摄）

↑ 南后街街景（江榕　摄）

这一传统技艺至今仍存，同时多了一种时代的气息。

## 福州软木画

福州软木画，又称木画，作为世界上独一无二的中国民间手工艺品种，被称为"民间艺术精品"。2008年，福州软木画被列入国家级非物质文化遗产名录。

软木画以松软柔韧、富有弹性的栓树皮层为材料，削取薄片，运用浮雕、圆雕、透雕等技法，精雕细镂成花草树木、亭台楼阁、栈桥船舫和人物，再用通草做成白鹤、孔雀、麋鹿等鸟兽，根据画面设计粘在衬纸上，制成立体、半立体的木画。它借鉴我国园林"框景"艺术手法，通过"以小观大，缩龙成寸"的技艺，将大自然的美景浓缩于挂框或插屏中，达到"丛山数百里，尽在一框中"的艺术效果，被誉为"无声的诗""立体的画"。

软木画（拍摄于南后街软木画馆店）

"万水千山只等闲"（2019 年《红色记忆——木根雕艺术作品展》）

"不忘初心"（2019 年《红色记忆——木根雕艺术作品展》）

软木画（拍摄于南后街软木画馆店）

福州牛角梳（拍摄于南后街牛角梳店）

寿山石工艺品（拍摄于南后街寿山会馆）

寿山石工艺品（拍摄于南后街寿山会馆）

福州刻书业史可追溯到五代时期，北宋福州城内"户弦诗书"，刊刻之事兴盛。至明清时期，民间书坊也随之增多。三坊七巷人文底蕴深厚，历史上这条街区商铺林立，古旧书店遍布街巷中，最盛时多达数十家，可谓书香盈街，一时盛况。清末，番禺举人王国瑞曾客寓福州，有诗写道："正阳门外琉璃厂，衣锦坊前南后街。客里偷闲书市去，见多未见足开怀。"民国时期，这一带古旧书店和印书作坊依然麇集。抗日战争全面爆发后，书市式微。1945年以后，再度兴盛。1949年以后，刻书坊、书店等逐渐淡出这条街区。

↓ 三坊七巷水榭戏台 （朱庆福 摄）

第五章
南后街书肆

# 曾经的书坊

南后街的书肆至迟始于明末清初，至清代中后期愈趋繁荣。郭白阳《竹间续话》（卷4）载：*"会城书肆聚于南后街，以成丰、同治、光绪时为盛。"* 据考，自道光年间以迄民国，有王道徵书铺、何轩举书铺、严幼雪"藏古堂"、董执谊"味芸庐"、张思永"聚成堂"、朱梅南"储文晟"、林端植"醉经阁"、陆桐桐"陆记"、陈培业"缥缃馆"、杨浚"群玉斋"、薛煊官"薛颐记"、郑椒蕃"带草堂"、郑星驷（危人）"小酉斋"、陈培业"小嫏嬛"、林家溱"宝宋斋"等，还有观宜楼、藏经堂、六一居、耕文堂、草不除斋、寿古斋、古香斋、储文堂、藕根斋、万卷楼、知不足斋、粤雅堂、观宝楼、古今斋、山房古书店、中华书局（福州分局）等。

## 味芸庐

位于南后街，书坊主人为董执谊。

董执谊（1863—1942），长乐人，字藻翔，号藕根居士。清光绪二十三年（1897）举人，任福建咨议局议员等职。他生性淡泊，曾作诗道：*"世情只当看鱼鸟，宦味由来风马牛。"* 辞官后，在家专心治学。帝师陈宝琛肯定其为人，曾题"贞吉居"予董家。"贞吉"典故出自《易经》*"谓人能守正道，而不自乱则吉"*。董执谊喜好藏书，致力于乡邦文献整理。《闽都别记》以福州方言土语叙述闽中故事，各种版本早已有之，董执谊将各种话本、传抄本整理订正后刊印发行。这是福建文化史上的一件大事，也成为董执谊一生最重要的功绩，他也因此而名扬八闽。

董氏所经营的味芸庐书坊，主营地方文献典籍。因芸香草防书籍虫蛀，故名味芸庐。而"能味芸，则贞吉"一语，也成为董家家训。

↑ 董执谊故居

### 聚成堂

位于南后街杨桥巷口。始创于清光绪末年。聚成堂聚书颇富，时与京、津、沪各地同业交流善本、孤本、手抄本等古籍及真迹碑帖、字画。郭白阳《竹间续话》曾写道："至今日书肆寥寥，以杨桥巷口之'聚成堂'最久，开设垂三十余年矣。"

聚成堂由张思永及其弟张思秋（又名张仕永、张仕秋）开设。二人曾师于醉经阁书坊，精于字画鉴别和书籍装订。张思永兄弟善于经营，懂得顺应时代潮流。民国兴学堂时，该店领先向京沪购进学童新课本，生意红火；抗日战争初期，日军封锁海口，学校课本供应中

↑ 董家店墙

↑ 聚成堂 张文良（郑子端供图 版权所有，不得转载）

↑ 如今的南后街聚成堂

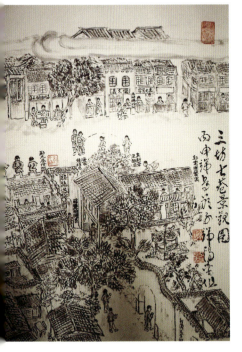

↑ 三坊七巷景观图·储文晟位置
（郑子端绘 版权所有，不得转载）

断，该店从废品收购的旧书报中觅取学校课本销售。抗日战争后期，为扩大资本，将古字画、碑帖加工成中堂、对联出售。张思永兄弟卒后，聚成堂由张文光（张思永子）、张文良（张思秋子）接手。1956年，聚成堂并入新华书店。

## 储文晟

位于南后街西侧、杨桥路交叉口北角。20世纪40年代，中医师朱梅南得其族兄朱梅峰（南门"慎昌仁"古玩店主）之助开办储文晟，专营古旧书籍，以补日用，并从中获得不少珍贵医学图籍，对其中医辨证施治大有促进。中华人民共和国成立后，朱梅南受福州人民医院聘用，储文晟停业。

## 醉经阁

书坊主人为林端植。该书坊在当时颇有代表性，郭白阳《竹间续话》云："其最著者有塔巷口'醉经阁'林端植，所收多何岐海之书。"20世纪20年代，该书坊进入全盛时期，为福州书坊之冠。许多鉴赏家、收藏家皆闻名而来，据相关资料记载，福州藏书家龚易图从湖南布政使任上罢官后回到福州，就经常到此访求古籍。

20世纪30年代初，醉经阁宣告歇业。

### 陆记

书坊主人为陆桐桐，其母曾任龚易图藏书楼的管书。他从小浸染文化，稍长又学修补古书画。随着技术的不断精进，经其修补的古书、字画备受顾客追捧，陆记门庭若市。

20世纪50年代初，陆记改为出租旧书、连环画。1960年，南后街塔巷口的火灾波及书坊，于是停业。

### 缥缃馆

位于衣锦坊口，民国时期开设，书坊主人为陈培业。

陈培业开设书坊半为售卖家藏，半为更新收藏。坊中图书深受文人学者青睐。缥缃馆图书多为陈培业祖父陈寿祺旧藏。时陈寿祺对珍藏秘而不宣，更叮嘱儿孙云：“不读楞严礼玉晨，缥缃充陈可安身。买来万本皆清俸，不许儿孙更借人。”观其儿孙鬻书之举，顿生江山易代、人世沧桑之感。

### 群玉斋

位于杨桥巷口，清同治五年（1866）开设，书坊主人为杨浚。

杨浚（1830—1890），字雪沧，号健公，又号冠悔道人，侯官人（祖籍晋江），清咸丰二年（1852）举人。杨浚为福建著名藏

↑ 杨浚画像

书家，曾入福州正谊书局，重刊先贤遗书，还曾纂修《淡水厅志》、编纂《北郭园全集》等。晚年致力讲学，主讲漳州丹霞、厦门紫阳、金门浯江等书院。著有《冠悔堂诗文钞》《冠悔堂赋钞》《冠悔堂骈体文钞》《冠悔堂楹语》等。他精于目录学，开书肆为收集珍本秘籍，并刻印发行自编的《闽竹居丛书》，可以说是在南后街开书坊的文人代表。

### 薛颐记

位于南后街宫巷口，书坊主人为薛煊官。

↓ 南后街街景

书坊收藏大量名家善本，多"叶临恭、何道甫、李兰卿诸前辈之藏"。经过长时间积累，坊内典籍宏富，古籍版本、名家善本、经典秘籍不时可见，令嗜书者趋之若鹜。

薛颐记有刻书功能。据载，清光绪二十八年（1902），该书坊曾刻印发行张心言《地理辩证疏》。

### 带草堂

位于南后街黄巷口，清道光年间开设，书坊主人为郑椒蕃。

郑椒蕃（1788—？），生于福州（祖籍连江），年少热衷科举而不获功名，遂在"侯官之西林铺"开设"带草堂"书坊，人称其为"带草先生"。西林铺即在南后街。郭柏苍《葭柎草堂集》载："苍道光甲午乙未在南后街教读，见西林、清远、莫达三铺居人多汲丰井。"

据传，"带草先生"所购之书较贵，而卖出又很便宜，而售卖劝世善书则"不取一钱"。对于禁书，他遇则烧之。他于字画不辨真赝，"有得辄售"。他平生广交藏书家，"凡秘本必鬻于藏书之家"。由于他在经营上采取薄利多销的方式，又了解古书价值，遂有许多读书人到此购书。清道光十四年（1834年），郑椒蕃近"知天命"之年，值福州大水，"溪涨十昼夜"。没有楼阁的人家无处藏书，只好"以书籍易米"，郑椒蕃抓住商机，"日得千卷，平其出入，家益丰"。

郑椒蕃闲时"触口成诗，诗成即示人"。一年雪天寒夜，其备好酒菜，诚邀郭柏苍至带草堂对饮，并让其读自作诗。

## 何轩举书铺

清同治年间开设，店主为何轩举。

何轩举，字南霞，侯官（今福州）人，面貌丑陋，曾居无定所、三吃不饱，然其志可嘉，"常忧天下饥"。郭式昌曾写《〈贫交行〉为何南霞作》长诗："海滨有布衣，身残颜亦丑。常忧天下饥，而不糊其口。柴门春雨深，苍苔满石白。寒灶走伊威，饭瓢刮馀糇。庇身一无椽，安问四十亩。东家老富翁，十年前执友。锦绣被高墙，梁肉委畜狗。未从叙旧欢，望见已却走。世人重黄金，利权属豪右。此辈非吾徒，雨云一翻手。无为言解推，解推亦难受。残阳下西峰，斜月出东斗。千秋万岁名，茫茫谁不朽。"

何轩举爱好读书，著有《竹情斋诗话》若干卷。后来他在南后街开设旧书铺，结交文士，同时也收藏图书。

↑ 曾经的文儒坊坊门（郑子端供图　版权所有，不得转载）

## 宝宋斋

位于南后街文儒坊口。1919年开设，书坊主人为林家溱。

林家溱（1891—1965），字汾贻，林拱枢（林则徐三子）曾孙，曾供职于福建省政府。中华人民共和国成立后，被聘为福建省文史研究馆馆员，著有《福州坊巷志》等。

林家溱精通目录学，且爱藏书。郭

白阳《竹间续话》云："吾友林汾贻，嗜书成癖。二十年前，曾于文儒坊口开'宝宋斋'。盖亦杨雪沧'群玉斋'之以搜访善本秘籍为旨者，故精于目录，一时收藏之士咸叹弗如。"郭白阳又说："襄同董执谊先生及林汾贻、沈祖牟二君，欲举诸家所藏孤罕本，印为《闽海丛书》，乃中日战争起，不果行。"

林家溱曾捐献林宾日《阄书》，林则徐《先妣事略》《使滇吟草》真迹、手书拓本《题太真墓》、《云左山房诗钞》木刻板若干片及家书原件、楹联等，作为林则徐纪念馆馆藏。

### 观宜楼

创于清末，书坊主人为鄢依四（外号"四四"），主要收、售旧小说和闽剧唱词唱本。20世纪20年代，鄢依四卒后，书坊歇业。

### 六一居

创于清末，书坊主人为依六，坊间人称"书店六"，其精于古书画修补装订。书坊专营古书籍、古字画，以取佣获利。依六卒后，书坊停业。

### 小西斋

位于塔巷口，清末学人郑星驷（危人）开设。店中售卖家中藏书及自著《学者魂》等，因不善经营，不久即歇业。

# 南后街刻书

　　清朝末年，广东番禺举人王国瑞客寓福州。王国瑞本身嗜书成癖，暇日好逛书肆。他作了两首诗，真实地记录了当时的"场面"，可算是"南后街书肆印象"。其一云："正阳门外琉璃厂，衣锦坊前南后街。客里偷闲书市去，见多未见足开怀。"其二云："今传丛刻重吾乡，知不足斋粤雅堂。犹憾当年徐谢辈，未为刊布但收藏。"

　　"琉璃厂"是北京的文化街，古来书商云集。胡思敬《国闻备乘》记载：京师琉璃厂书贾凡三十余家；《北梦录》"琉璃厂之今

↓ 南后街刻书雕像

昔"一段也记载："琉璃厂以书肆所萃名震海内。"将南后街书肆与琉璃厂对举连言，很可以反映这段历史。"客里偷闲书市去，见多未见足开怀"两句更是写出访书者的心声，也说明当时书肆图籍宏富。

古语云："读未见书，如得良友；见已读书，如逢故人。"当今社会，读书不是人们的日常生活，但对于一部分人而言，他们到书店消闲时，当他"见未见书"或者"见已见书"时，想必心中情境与古人同。王国瑞的另一首诗，是对南后街书肆刻书的写实。知不足斋与粤雅堂是著名刻书坊，张之洞曾评价道："刻书必须不惜重费，延聘通人，甄择秘籍，详校精雕，其书终古不废，则刻书之人终古不泯，如歙之鲍，吴之黄，南海之伍，金山之钱，可决其五百年中必不泯灭。"伍崇曜曾经汇刻《粤雅堂丛书》；安徽歙县鲍廷博曾辑刻《知不足斋丛书》；苏州人黄丕烈曾刊刻《士礼居丛书》；上海钱熙祚曾刻《守山阁丛书》。这些丛书刊刻者皆为藏书家，他们识见广博，所刻之书都经过"详校精雕"一番，这样的书籍质量高，能够流传广远，故"终古不废"。王国瑞亲历当时刻书业的发达，于是联想明代大藏书家徐𤊹、谢肇淛等前贤，遗憾他们没有将家藏甄选以集成丛书。明清时期，福州刻书业发展，民间刻书坊也随之增多，所以刊刻图书也成为当时一种风尚。

南后街有的书坊兼带刻书功能。明末清初，三坊七巷一带许多刻书坊就曾刊印不少佳作，演绎出一段福州版"书林清话"。如宫巷天主教三山堂曾刻印出版多种著作，如杨廷筠《天释明辨》、艾儒略《三山论学记》《五十言余》、龙华民《圣若撒法始末》等。清乾嘉年间，敦复堂曾刻印发行王步青辑《四书朱子本义汇参》；

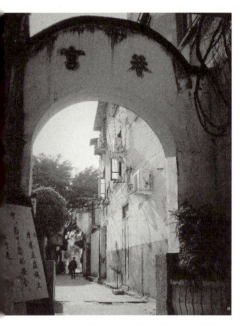
↑ 宫巷旧影（郑子端供图 版权所有，不得转载）

宝章堂曾刊刻黄元俊《四书心印》、赖以芬《词镜平仄图谱》、江永《乡党图考》等书；万卷楼曾刻行檀华撰《采真汇稿》等书。同光年间，刻书之风亦不逊前朝，如灵兰堂曾印行张熙宁辑评《七家诗选》、赵大浣《增补苏批孟子》以及《书经旁训辨体合订》等书。而友清轩曾刊刻《感应篇赘言》，再如蒋上亨福记、宏文阁、小娜嬛祥记、鼎新社等刻书坊，在光绪年间曾刻印谢翱《晞发集》《晞发遗集》、陈仲麟《听雨轩读本》，以及《漱芳轩合纂四书体注》《闽中四书院月课探珠》《福建试艺》《正谊、鳌峰（书院）月课合刻》等书。

进入近现代，仅南后街就有吴玉田、王友杰、陈文鸣、林大灿、施光宝、陈仁权、王文光等刻坊。本节介绍吴玉田刻坊，以见一斑。

吴玉田刻坊位于南后街宫巷口，清咸丰年间开设。直至20世纪30年代，该刻坊一直在福州印刷业中有一席之地，至民国二十年（1931年）以后始告式微。

吴玉田（生于道光末年），侯官（今福州）人，自幼学习刻书，勤学苦练，善于钻研，精益求精，与其胞弟吴玉柱不相伯仲。该书坊所刊刻书籍，具有字体娟秀、笔画有致等特点，所刊印书籍在市面上影响甚广，人称其所刻之书为"吴玉田版"。该书坊世代经营，聚集了一批优秀雕版工匠，如陈文鸣、王文光、施先宝等。据载，该书坊所刊刻书籍种类繁多，不下百种，经史子集，无不赅备，数越万卷，声名洋溢福州城内外。在收藏界清代雕版刻书中，书中镌刻"吴玉田刻坊藏板""三山吴玉田镌字""板藏福省南后街宫巷口吴玉田刻字铺""福省南后街宫巷口吴玉田刻坊印刷"等字样，皆为该坊所刊刻图籍。

↑《听秋声馆词话》（吴玉田刻本）

当时许多闽籍文人及浙赣寓闽文士著作，多由该刻书坊雕版刊印，如谭献《复堂诗词》、丁绍仪《听秋声馆词话》、江湜《伏敔堂诗录》、谢章铤《致用书院文集》、郭柏苍《云在堂丛书》、杨希闵《十五家年谱丛书》、杨庆琛《绛雪山房试帖》、林纾译著《巴黎茶花女遗事》、严复译著《天演论》、福州鳌峰书院《劝学篇》《课艺集》等。刊印部分大型图书，如道光重修《福建通志》；《正谊堂全书》中的大部分书籍等亦由其承刻。当时福州望族祠堂刻书，乃至达官显贵之墓志、行状、事略等，亦经吴氏刻版摹石后，才为人所重。

↑《听秋声馆词话》（吴玉田刻本）

近代石印、铅印等半机械、机械印刷厂坊出现，手工雕版印刷逐渐消亡。20世纪40年代，吴玉田刻书坊也宣告歇业。

## 书肆撷影

　　三坊七巷中的学人都受过良好的传统文化教育与熏陶，他们对于书籍，有一种难舍的情结。作为福州有代表性的名人，他们的榜样力量是巨大的，就购书这件事来说，势必会造成影响。买书、刻书、藏书可以说是当时坊巷文人圈的风尚，蔚为大观。

　　南后街的书肆曾经是许多文人喜至之地，如沈祖牟、陈己士、顾颉刚、沈从文、王西彦、曹聚仁、卢前等。英国科学家李约瑟也曾在此购得大量古书，后运回英国。只可惜这些"购书纪实"缺少文献资料供后人追寻。作家郁达夫寓居福州期间，也时常到南后街买书，从他的《闽游日记》中可以捕捉到当时的一些画面。

↓ 如今的南后街书店·严校长的故事

1936年2月7日："自省府出来，更在府西的一条长街上走了半天，看了几家旧书铺，买了四十元左右的书。所买书中，以一部《百名家诗钞》，及一部《知新录》（勿剪王棠氏编）为最得意。"2月10日："午前起床后，即至南后街，买《赏雨茅屋诗集》一部并《外集》一册；曾宾谷虽非大作手，然而出口风雅，时有好句……此外的书，有闽县林颖叔《黄鹄山人诗钞》、郭柏苍《闽产录异》、《雁门集编注》等，都比上海为廉。"2月11日："侵晨早起，即去南后街看旧书，又买了一部董天工典斋氏编之《武夷山志》，一部郭柏苍氏之《竹间十日话》，同氏著中老提起之《竹窗夜话》，不可得也。"2月12日："午后复去南后街一带闲步，想买一部《类腋》来翻翻，但找不出善本。"2月20日："午后过后街，将那一篇播音稿送去；买武英殿聚珍版丛书中之《拙轩集》《彭城集》《金渊集》《宋朝实事》各一部；书品不佳，但价却极廉。比之前日所买之《晋江丁雁水集》、周亮工《赖古堂诗集》，只一半价钱也。"3月3日："晨起即去南后街买书十余元，内有《小腆记传》一部，《内自讼斋文集》残本一部，倒是好书。"

↑ 如今的南后街书店·猫的天空之城

　　书肆图书来源之一是坊巷中的藏书楼。三坊七巷历史街区中的文人藏书楼有很多，如林佶"朴学斋"，他曾充分利用有利条件，搜集图书，其诗《新正欣得故书次方扶南韵》云："宦游书癖老犹存，不似花飞辞故根。芸帙陈编欣得友，居为数典笑遗孙。丛残还识原签样，补缀重看旧墨痕。且快病余清兴健，卷开如燕返香魂。"他一生嗜书成癖，大力搜求名家藏本和闽中文献，晚明福州大藏书家徐氏兄弟旧藏多归其有。他为藏书不惜变卖家产，"而家亦缘是愈贫，荔水庄池，半属他姓"。陈寿祺"小嫏嬛馆"中亦收藏宏富，他一生手不释卷，读书、著书、藏书成为其毕生事业。陈征芝《带经堂书目》中说，陈寿祺"家有小嫏嬛馆，藏书甚富，经训部帙，搜罗尤备"。《福建通志·儒林传·陈寿祺》亦云其"生平不饮不弈，樗蒲不入座；惟手不释卷，所聚有八万卷"。梁章钜一生以书籍自娱，"黄楼"中，亦缥缃充栋，名士施鸿保《闽杂记·闽中藏书家》云："闽中藏书家最著称者，……近时若梁茝林（章钜）中丞、陈恭甫（寿祺）太史，……所藏皆十余万卷，真可美也。"还有如叶观国"绿筠书屋"，以及许均、刘家镇的藏书室

↓ 如今的三坊七巷书店

等。如果将范围再往外延伸，坊巷的附近地区还有如林则徐"云左山房""七十二峰楼"、郭柏苍"沁泉山馆"、林鸿年"松风仙馆"、谢道承"春草堂"、谢章铤"赌棋山庄"、林寿图"欧斋"……他们嗜书成性，构屋聚书。

其实，南后街书肆中图书，除了有些是书坊本身自刻以外，均为此一带藏书家旧藏。一些家族中落以后，书籍也随之星散四方。谢章铤《课余续录》载："近十数年来，先生之家颇中落，余时从故书肆见洙云、心香两先生遗稿。"所指洙云即林正青，心香即林在峨，二人皆藏书家、书法家林佶之子。林家藏书甚富。林正青有诗道："楼居拟仙境，况复拥书城。帘卷缥缃整，窗虚翰墨清。"

　　三坊七巷文化氛围浓厚，许多文人雅士麇集于此，形成了文化圈，丰富了闽都文化的内容，同时也影响了省内外。坊巷中形成的许多文化现象与文人活动值得濡墨重书。而坊巷亦为百姓生活之地，谈经论道、吟诗作文以外，更有一段平民百姓的街市生活值得书写和追忆。历宋元明清各代发展，三坊七巷逐渐成为福州市中心，清代后期更形成繁华的商业街区，沿街及坊巷中店铺众多，衣食住行一应俱全。由是，街区中也聚集了许多民间工艺、老店铺与旧行当等，它们曾在这里生根、落地，继而成长、壮大，谱写了一幅坊巷风俗画卷。

↓ 三坊七巷全景（朱庆福　摄）

# 第六章
# 坊巷百态

# 情寄诗社

陈衍说，福州"自唐始有诗人，至唐末五代，中土诗人时有流寓入闽者，诗教乃渐昌，至宋而日益盛"。两宋时期，福州景胜成为诗人笔下吟咏的主题。历元明两代发展，迄至清时，福州诗人更难以数计，诗集众多，其中也包括诗社吟咏的结集。三坊七巷吟诗之风由来已久。宋熙宁三年（1070），光禄卿程师孟游玉尺山，篆书"光禄吟台"四字，又心起诗情，咏道："永日清阴喜独来，野僧题石作吟台。无诗可比颜光禄，每忆登临却自回。"清代至民国年间，福州文人众多，他们多居住在坊巷

↑ "光禄吟台"石刻

中，时常结社联吟，留下无数佳话。孙续《余墨偶谈集》说："三坊七巷，各有吟社，佳制美不胜收。"

## 福州支社

清末，李宗言（字畲曾，闽县人，清光绪八年举人）、李宗祎（字次玉，号佛客，著有《双辛夷楼词》）兄弟在光禄坊玉尺山房倡立支社。据相关研究，支社成立于清光绪八年（1882）秋季，结束于清光绪十八年（1892）春季。该诗社参与者多为福州名流，如陈衍、林纾、沈瑜庆、郑孝胥、方家澍、高凤岐等。据考证，该社社员还有：

黄敬熙，字子穆，永福人。清咸丰九年（1859）举人。

黄春熙，字曜臣，闽县人。

何尔瑛，字玉瑜，闽县人。清光绪十四年（1888）举人。

周长庚，字辛仲，侯官人。清同治元年（1862）举人，有《周莘仲广文遗诗》。

林葵，字怡庵，侯官人。

黄育韩，原名燊，字欣园，永福人。清光绪元年（1875）举人。

欧骏，字熙甫，闽县人。

卓孝复，原名凌云，字芝南，闽县人。清光绪二十一年（1895）进士。

林珩，字葱玉，闽县人。

方崑玉，字筱轩，侯官人。清光绪十一年（1885）举人。

王允晳，字又点，长乐人。清光绪十一年（1885）举人，有《碧栖诗词》。

李宗典，字唐臣，闽县人。

刘蕲，字楚渔，侯官人。清光绪二十年（1894）举人。

这些人在玉尺山房辛夷楼雅集焚香煮茶，即兴赋诗，每月多达四五次。支社历时十年，光绪十七年（1891），曾刊印《支社诗拾》（一作《支榭诗拾》），诗集中所收诗歌一百四十六首，皆为七言律诗，且多半为"咏史"之作。

↑ 王又点像

↑ 李宗祎《双辛夷楼词》

关于支社活动的内容，记载不详。林纾曾为《支社诗拾》作序，其中说道："纾幼时学为短章，多萧寥悲凉之音……储稿径寸，愤而烬之，遂不更作。洎壬午（1882），始友李禽曾、次玉兄弟；观其咏史诸诗，于孝烈忠果之士，抗声凄吟，积泪满纸，心悦其同趣。时周辛仲广文亦未就官，相与招邀同人，结为吟社。月或数集，集必数篇。"从这里可对诗社活动窥得零星片段。

↑《支榭诗拾》（光绪刻本）

支社的赋诗规则波及全国，影响甚远。此一"形式"被许多闽籍诗人继承，从而衍生出"律社"，或说"律集"。郭则沄曾辑《蛰园律集前后编》，序中言："律集昉于闽。同、光间，有'支社'者，李次玉、禽曾兄弟主之，极园林宾宴之盛。社中玉如、巴园、畏庐、石遗诸老，皆当世名俊，谈笑忘形，或至互诋，有竹林之遗风焉。光绪甲午、乙未间，乡人官京朝者始倡为之，与者十七人……"可知支社活动结束后的两三年时间里，京中就已经有人仿效，激发了许多人对诗歌创作的热情。

## 福州说诗社

民国初年，陈衍至京回里，组织说诗社，诗会地点在匹园。陈衍善诗学，蒋寅《清诗话考》称："陈氏诗学可谓中国古典诗学之总结。具有包容综合之倾向……三百篇为体，经史诸子百家为用。"说诗社社员多为陈衍弟子，这些人后来亦多有成就，如著名诗人陈海瀛、"永安七才子"之一的黄曾樾、近代文人施景琛、

《华报》主编陈天尺、书法家沈觐冕，以及林翰、陈樵、苏南、江古怀、林葆炘、董子良、陈鸣则、林宗泽、陈炘侯等。自民国九年（1920）始，诗会时常有集。每年农历八月，陈衍招门人饮。民国二十四年（1935），说诗社同人预祝陈衍八十寿辰，设宴匹园。历年的诗会之诗经陈衍批阅后，编辑为《说诗社诗录》四卷，于民国二十六年（1937）印行。

↑ 陈衍故居旧影

### 福州秋社

民国二年（1913），由陈衍、王允晳发起成立，何振岱、林宗泽、刘松英、周愈、林则铭、郑容、龚乾义、叶心炯等参加。雅集地点设在乌石山沈文肃公祠、林宗泽寒碧楼、陈衍宅内闻雨楼等处。

### 光禄吟社

清顺治四年（1647），许友在光禄坊构筑米友堂，创办光禄吟社，与文友往来唱和，吟咏切磋，成为清初福州城区文学艺术交流之地。

### 寿香社

一说为民国二十四年（1935）成立，何振岱女弟子十人是该社的中坚力量。寿香社由何振岱主持，社中也有男士参加，如林述祖、苏禾龛、陈泽锽、梁孝瀚、郭毓麟等。

何振岱的女弟子王德愔、刘蘅、何曦、薛念娟、张苏铮、施秉庄、叶可羲、王真、洪璞、王闲，被誉为"寿香社十才女"。这些才女天资聪颖，都受过良好的家庭教育，故能诗会词，文学素养颇高。他们相聚一起，吟咏情性，拈管书写旧体诗词，承续传统。

↑ 何振岱女弟子合照于叶可羲故居

王德愔（1894—1978），字珊芷，王允皙之女。工诗、善画、擅琴。作画从林琴南、周愈学习，时人谓"得石谷之工致，兼烟客之神韵"，后人集有《琴寄室诗集》。

刘蘅（1895—1998），字蕙愔，著有《蕙愔阁诗词》等。

何曦（1898—1982），又名敦良，字健怡，何振岱之女。其父对其颇肯定，曾说："子健怡自髫龄即喜诵长短句，抑扬顿挫，音节清婉，所作乃亦多可诵，深于此道者当一览知之，无俟老叟之称许也。"

薛念娟（1901—1972），字见真，一字孤星，号松姑。中年时投入何振岱门下，始学诗词、古琴。

张苏铮（1901—1985），字浣桐，1936年入何振岱之门。

施秉庄（1902—1986），字浣秋，早年毕业于国立艺术专门学校，善作"写意山水"。先后在福建私立女子职业学校、福建省立福州中学、华南女子学校等校任教职。著有《延晖楼词》。

叶可羲（1902—1985），字超农，曾就读于北京国立艺术学校，精诗词古文，且善书画古琴。先后在厦门集美女中、福州华南学院附中、省立福州中学、私立文山女中、省立福州女子中学等校任教。著有《竹韵轩词》。

王真（1904—1971），字耐轩，号道之、道真，王寿昌之女。早年毕业于北平启秀中学，后供职福建省财政厅秘书处。陈衍肯定她："女公子耐轩，可继家风。"

洪璞（1906—1993），原名洪秀英，字守真，出生于书香门第，幼习诗书，著有《璞园诗词》。

王闲（1906—1999），字翼之，号坚庐，王寿昌之女。善诗词、书法、古琴和擅画山水花鸟，著有《味闲楼诗集》。

↑ 刘蘅（左）、王闲（右）合照

寿香社命名有几种说法。有人说社中有数位老人参加，故言"寿"，又为女性吟社，故名"香"；又有说"让香闺之作寿世行远"，故名；还有说意为"取永葆兰蕙之香"。1895年9月，何振岱撰《寿香社序》一篇，开头便说："寿香社者，同人祀陶所由名也。"《祀陶图题跋》则云："与诸君诵陶诗而慕其为人，每岁秋花盛开，陈陶公像，荐以菊酒而拜献如礼。"何振岱早年与友人龚葆銮等在乌石山成立过诗社。值九月菊开，同人供陶渊明画像于净室中，并献菊花酒作拜。菊花酒又名"长寿酒"。其《寿香社序》更说道："万根靡节，索居孰与永趣；一花自馨，秋士于焉托命。"由此可知，大概是取"黄花永馨"的寓意。乌石山的诗社很早的时候就解散了，后来何振岱召集女学生祭祀陶公，重立"寿香社"。

↑《寿香社词抄》（1942 年刊印）

　　寿香社成员常在人日、花朝、上巳、七夕等节庆之日，雅聚一处，共庆佳节。且每月例集，诗会活动地点在大光里何振岱家、塔巷叶可羲的竹韵轩、郭毓麟的听雨轩、王德愔的琴寄室、衣锦坊苏禾龛住宅等处。大家温酒品茗，限韵成诗词，或作折枝。也会组织游山玩水，然后以诗词记之。

## 闺秀雅集

　　清康乾盛世以后，社会稳定繁荣，读书之风流行。许多世家都重视女子教育，从而造就一批才女，开近代新风。诚如名儒黄任在《十砚轩随笔》中所言："吾闽闺秀多能诗，近更有结社联吟者，若廖氏淑筹、郑氏徽柔、庄氏九畹、郑氏翰蓴、许氏德瑗及余女淑窕、淑畹，皆戚属，复衔宇相毗。每宴集，各拈韵刻烛，或遣小婢送诗筒，无不立酬者。女士立坛坫，亦一时韵事也。"这首先得益于坊巷家族中深厚的文化底蕴和浓烈的书香氛围。他们在自家宅院内设家塾、私塾，或请名师讲习，或由长者亲教，无论男女，皆习字学文。

### 黄任家族才女

　　黄任妻子庄氏有才，这从其女淑畹诗称"家慈大人命作"可知。黄任表姊郑徽柔，字静轩，著有《蛩响诗集》。黄任妻侄女庄九畹，字兰斋，著有《秋谷集》。黄任之女黄淑窕、黄淑畹，亦擅诗书。淑窕喜诗画，晚年虽抱病在身，但仍"时作时止"，著有《墨庵楼试草》；淑畹与其姐幼年同受庭训，于诗艺尤深，著有《绮窗余事》。黄淑畹之女林琼玉亦能诗，"绰有外氏家风"。黄任八十大寿时，黄淑窕有诗赠云："接席簪裙多后

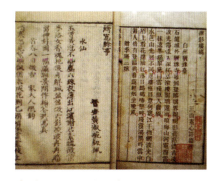

↑ 黄淑畹、许德瑗诗集

辈，称筋儿女半华颠。声名千载标真诰，恩礼三朝宠大年。"黄淑婉有诗赠云："老父登科日，慈亲未嫁年。至今椿树茂，忆母一潸然。"

黄家每逢岁时节庆、登临游观、雅集兴会均有赋诗酬唱，以此为乐。黄淑婉《绮窗余事》诗集题引中云："寒食日雅集，家大人偶成二句，属儿女辈足之"，"夏夜同姒洲、心庵、千波二弟看残月分韵"，"香草斋小斋咏新雁分韵"，"新秋夜雅集，分茶字韵"，"雅集影香窗看梅"。

### 许氏家族才女

许氏一门极擅文艺之事，从明末至清中晚期，均有诗集传世，汇有家族诗集《笃叙堂集》。闺秀中亦多才女，她们认为"诗是吾家事"，于是常与戚属闺中结社联吟，刻烛赋诗，往来赠答，日遣僮婢送诗筒，奔波于道中，至今传为美谈。许均之妻廖淑筹，字寿竹，曾画《桃竹图》，并遍请闺中品题。著有《琅玕书屋诗集》。清道光年间，许宗元之妻洪龙征，许源之妻梁韵书，亦颇有才气。洪龙征诗笔清婉，著有《效颦集》二卷，与其夫宗元以文艺相切磋，时人比为"梁孟"。梁韵书工诗善画，她是梁章钜的堂妹，曾协助其编辑《闽川闺秀诗话》，著有《静安吟草》。

尤值得一提的是许德瑗。德瑗系许良臣之女，号素心，著有《疏影楼稿》。当时许家有"疏影楼"，是许德瑗的居所，即当时吟诗作画之地，足见

↑ 许德瑗印章

许德瑗最能克绍家学。她善书工诗，书学董其昌。早年曾从外祖学画，遂工花鸟草虫，随意点染，逸趣横生。无怪乎其堂弟许作霖赠诗云："手足关情偏爱我，文章知己独推君。"她以诗寄托人生，可喜可愕，一寓于诗。黄惠《疏影楼诗序》说："素心以冰雪之心抒其冰雪之辞，举凡疾病、困顿、离别之况一一寄之于诗。宜其黯然以伤，然以悲，读之而哀且肃也。"疏影楼中才女咸集，清夜剪灯共吟诗，粉本轻描，淡笔漫写，这是当时坊巷才女的文化生活。

↑ 许德瑗手迹拓本

## 郭氏家族才女

坊巷中的女子皆得家学濡染，故而才华横溢，亦属情理之中。郭氏家族几位女眷，亦以能诗多艺闻名于世。郭柏荫长女郭仲年（小字敏斋），与弟郭柏苍三位女儿郭娩宜、郭问琴、郭拾珠皆能诗。郭柏荫为爱女郭仲年刻印《继声楼诗集》，郭仲年去世后，由其女整理其所存旧稿而成。郭柏荫极推举其才华，曾为诗集作序："女之亡也，予哭之曰'天与清才偏薄命，老思爱女倍伤心'。"郭仲年还曾随郭柏荫就读于当时闽省最高学府鳌峰书院中，其《月夜和拾珠妹》诗中，有"记否鳌峰深院里，雨霄闲坐剪灯花"之句。

↑ 郭拾珠鼓山篆书石刻

郭拾珠能诗，且工篆书。郭则沄（进士）曾汇编有《侯官郭氏

家集汇刊》，他特别推许其祖姑郭仲年与郭拾珠的诗文，其《旧德
述闻》说："拾珠祖姑，兼秋公（郭柏苍字）女也，适监察御史陈
公伯双（名懋侯）在室，以篆法著誉。会仲年祖姑归自湖湘，兼秋
公配严夫人（名蕙怀）招，同游石鼓山。座中皆姑姐妹，拾珠祖姑
篆石记游，仲年祖姑为诗云。"郭柏苍《乌石山志》中也有诸女子
雅集记载："绕闽山梅花十五树，光绪甲申（1884）人日，闽县
郭媄宜，妹问琴、拾珠，问琴媳陈闺瑛，拾珠女陈闺瑜、闺琬、闺
琛，犹女王珪如，侯官郭凤楣，妹凤橄，沁园主人叶淑艳，冒冻历
览，围炉谈诗于柳湄小榭，夜分而罢。拾珠识之。"这段在自家园
林中"围炉谈诗"的记载，也能显示她们的才情志趣。

### 玉尺山闺秀联吟

《榕城诗话》一书曾记载："闽中户户皆花，家家似玉。笔
床砚匣，恒在香台。写韵传经，乃其粉确。青襟夫婿，接手传笺。
红屦侍儿，持轮赴社。"坊巷缙绅之家妇女，"闺门弦诵，比屋相
闻"。她们雅集吟诗，为闽中诗坛留下掌故。

玉尺山在光禄坊闽山一带，这里曾辟建玉尺山房，周边景致清
幽，诸胜景沁人心脾，久而久之，这里就成为坊巷中名媛秀女聚会

↑ "闽峤女宗"匾额

结社行吟之地。螺洲陈氏、郭氏、叶氏
女眷，聚于玉尺山沁泉山馆。她们游赏
周边美景，又围炉谈诗。

这次家族群聚宴会，她们即兴作
诗，或抒发对长辈敬意，或对眼前景物
细致描摹，或描写当日盛况，留下佳篇

杰作。

郭拾珠诗句曰："许多烟景归群彦，能使春光满绮筵。"陈闺琬诗句曰："群英叙景物，风月出慧口。""阿翁心想高，数语谁敢偶。"陈闺琛诗句曰："柳迷高阁灯初上，酒满华筵月未沉。"郭凤榴诗句曰："雪散云消纤月光，吟台人影杂衣香。"叶淑艳诗云："一丘仍是旧时邱，京洛归来日屡游。"

古云"千年田换八百主""江山万古空相待"，如今时移世易，前人早已作古，当我们走进历史故地，面对亭台楼阁、池沼园林，或许会生发喟叹。高而谦《玉尺山》诗云："见说当年玉尺山，曾经李郭转移间。歌谣左海都传遍，今日伊谁此有关。"

# 老铺记忆

三坊七巷是福州文化教育的发祥地之一，宋初"海滨四先生"穷经苦节，相互砥砺切磋，并以古人相期。他们"以古道鸣于海隅"，以经术、德行警悟后学。坊巷中文化氛围浓厚，文教场所遍布，学校、书院乃至家馆、私塾等林立其间，此风历数世而未衰，从而也带动了文化场所的发展，而其中一些经营事迹，也留在了福州许多老一辈文化人心中。

历数三坊七巷街区的文化场所，古来有杨桥巷的民友书局、李延平祠，光禄坊的宋代道南书院，明代桂枝里的竹田书院，清代文儒坊的正音书院等，以及闽山巷的文林社学，黄巷的萨家私塾、安民巷的吴氏家塾、文儒坊的黄氏试馆、衣锦坊的林氏家塾、光禄坊的刘氏家塾等，还有后来的官立侯官两等小学堂，文儒坊的县立福州女子学校、东文学堂，光禄坊的南城学校、福建女子师范传习所、福建学院附中，宫巷中的两等小学堂、福州市职工业余政治学校、职工业余学校文化班、童宫小学，吉庇巷的第一平民学校等，可谓学校密

↑ 南后街旧影（郑子端供图　版权所有，不得转载）

↑ 南后街旧影（郑子端供图　版权所有，不得转载）

集，教育资源发达。如陈氏凤池书屋，
鳌峰书院山长郑光策曾在此讲学。除此
之外，还有郎官巷中的讲书场，塔巷内
的福州闽书报社、中华书局，黄巷中的
正谊书局、《新潮日报》社，吉庇巷中
的《闽侯日报》社等。文化、教育发
达，自然吸引许多文化场所来此聚集，
除了书肆以外，还有裱褙店、笔墨庄

↑ 南后街裱褙雕像

等，满足了读书人应试科考、濡墨作文等需求。福州的笔墨庄和裱
褙业始于清代，20世纪20—30年代，进入兴盛局面。

### 曹素功笔墨庄

位于宫巷口。曹素功（1615—1689），原名圣臣，号素功，安徽
歙县人，清代四大制墨名家之一。其制墨工艺精湛，以"配方神秘，
做工考究，名闻天下"。清康熙二十八年（1689），曹素功去世后，
由其子孙继承家业，约于咸丰、同治年间设分号于福州。福州文人多
擅书，所以题匾书额风气浓厚，正如郁达夫所描述："你若去冷街僻
巷去走走，则会在裁缝铺的壁上，或小酒店的白锡炉头，都看到陈太
傅、萨上将的字幅。海滨邹鲁，究竟是理学昌明之地。"而曹素功笔
墨庄店招牌为清道光年间进士吴县冯桂分手书，传为福州"市招"书
法之冠。又有清末大学者俞樾手书匾额，亦为佳作。

### 詹斗山笔墨庄

清道光初年，开设于宫巷口。詹斗山，原籍徽州婺源。笔墨庄

中初卖湖笔、徽墨，后兼售八宝印泥、折扇、书画纸、歙砚等文房用品，久而久之，成为品牌笔墨店，在福州地区口碑极好，供不应求。

据说，詹斗山从杭城贩墨入闽，越仙霞岭而至浦城、建宁，最后落足福州。后来为适应市场需要设立制墨作坊，聘来徽州墨工，以自己名字为牌号。他所制之墨坚如石、香如麝、黑如漆。"詹斗山"通过住在福州的日本侨民打开销路，特制"明治维新墨"和"伊藤博文墨"。其子詹敬继业后，又扩大营销范围，在建宁府（今建瓯市）设分店。科举制度废止后，墨之销量亦减。1939年前后，福州"詹斗山"交由该店一位徐姓老学徒负责，直到中华人民共和国成立后。据潘新华老人回忆，"詹斗山"门面宽度有四五米，制墨仓库中香味扑鼻。

## 张文祥笔庄

位于衣锦坊口。清光绪年间，张孔平（字其侯）从师马文琳笔庄学艺，时在志学之年。六年后期满出师，开设"张文祥笔庄"。由于所制毛笔俱备"尖、齐、圆、健"特性，因而生意兴隆。民国初，其长子张昌辅接手店铺；二子、四子另在小桥头、安民巷口设分号。

张昌辅继承制笔传统，又有创新。其精制的狼毫小楷，耐用、美观。他重金聘请技术精湛的工人制作，自身对毛笔质量也严格把关，使买家在使用毛笔时能得心应手。民国时，张文祥毛笔畅销省、市机关、学校和各县，同时也远销香港、台湾以及新加坡等地，备受好评。鼎盛时期，该笔庄工人达二十多人，日产毛笔二百余支。1955年，加入合作社。1957年，改为鼓楼文化用品厂。1962年，成立鼓楼毛笔厂。据福州民俗专家郑子端回忆，张文祥笔庄当年面朝大街，店面长桌后面常坐着一排制笔匠人，他们或用一根细线缠在牙齿上，进行着"缚、胶、焊"的制笔工序，或在麻利地修整笔头，或在"顿毫"敲击桌面，发出整齐、清脆的节奏声。

### 米家船裱褙店

位于南后街32号。清同治年间，林某（西河村手工艺人）来到南后街谋生。林家第二代林金师成为裱褙工人，但经营30年尚无店名。清光绪二十三年（1897），何振岱来店裱字时问起店号一事，店主遂请其题匾。何振岱为其书写"米家船"三字。人问其义，何说，米芾之子米友仁对书画情有独钟，一生以此为乐。他四处游览，福州也似曾来过。因当时水路为交通要道，所以，"米家字画满江滩"的佳话名扬南北。林则徐亦有联云："一进寒花陶令宅，半床宝墨米家船。"久之，"米家船"声名鹊起，许多文人常持字画来此裱褙。

"米家船"第三代经营者林广祥（1900—1981），人称"细俤司"，14岁便到"米家船"学艺，因为人忠厚，且处事敏捷，被林金师收为义子。林金师于民国二十二年（1933）去世，曾留遗嘱"人在店在"。其后老铺历经劫难。抗日战争时，被日军抢走许多字画；抗日战争胜利后，又因时局动荡，生意萧条；中国人民共和国成立后，"米家船"并入南街服务社；"文化大革命"时，二百余幅字画被付之一炬，于是老铺歇业，

↑ 米家船裱褙店

细俤司也改行糊风筝以度日。1977年，裱褙店重新开业，几位装裱老工匠合作开店。第四代经营者林文光继承父业，与妻子一起操持不倦。1999年4月，米家船裱褙店注册了商标。因其工艺精湛，在福州裱褙店中颇有名气。

### 青莲阁裱褙店

位于南后街21号，民国二十九年（1940）创设。

店主陈钟祺，早年在青莲室裱褙店学艺。青莲室始创于清末（当时店设文儒坊），由福州知名裱褙师林仲英主持。林仲英早年随父林星海在"话兰室"学艺，后至苏州学习，博采众长，誉满榕城。陈钟祺刻苦学艺，技艺精进。1940年出师后，他自立门户，取名"青莲阁"，店铺招牌由书法家沈觐寿题写。陈钟祺为人忠厚、诚信，其裱褙技艺深得苏派装裱精髓，做工精致。他善于揭裱

↓ 南后街街景

修补古旧字画，同时对鉴别书画真赝也慧眼独具，不少收藏家都曾慕名来讨教。该店名扬城内外，当代书画名家陈子奋、沈觐寿、郑乃珖等都曾指定由青莲阁的"钟祺师"装裱作品。"文化大革命"时，青莲阁被迫停业。陈钟祺以装裱教学挂图、宣传画、摄影图片等谋生。20世纪80年代后期，其子陈则煊接手，传承父业。

### 二宜轩裱褙店

原址位于郎官巷口，后迁至黄巷6号，始创于清同治年间。

该店原是经营装裱材料商铺，后亦发展裱褙业务。创始人陈氏兄弟，当时在鼓楼前经营"墨园"（此招牌后来也为福州画院使用）裱褙店。该店裱褙师傅赵金夫曾至"墨园"学艺，出师后由"二宜轩"聘用。他手艺高超，在福州颇有名气，人称"金师"。二宜轩裱褙店后由赵时木夫妇继承。

# 市井风味

福州饮食文化丰富多彩，风味小吃种类繁多，或深藏于路口转角的一家美食店，或隐身于一排沿街店面中，又或是宴会上的某道佳肴。总之，它以独特的风味吸引着百姓。南后街一带风味小吃远近闻名，店主们经营有道，历来好评如潮，形成良好的声誉，经久未衰。这些老店历经风雨，维系着食客对坊巷的情感；回顾坊巷风味，也容易唤起老福州人的尘封记忆。"百年老店"经过几代人接续经营，依然留存古韵，同时展现了新的风采。

↑ 曾经的鼎日有肉绒店门市（郑子端供图 版权所有，不得转载）

### 鼎日有肉绒店

位于光禄坊的早题巷口。清光绪十六年（1890），由林振光（1853—1919）创办，林振光也借此别号"林鼎鼎"。他用猪肉、白糖、红糖、酱油、熟油等原料制成的肉松色香味俱佳，驰名海内外，为同业所不及。当地人习惯把肉松称为肉绒。民国时期，海军名将萨镇冰为鼎日有肉绒店撰写一联："酥制肉绒福建第一，宝鼎老牌名震全球。"2007年，福州鼎鼎肉松制作技艺被列入福建省非物质文化遗产名录。

### 谢万丰糕饼店

谢洽卿创于清道光六年（1826），所制礼饼，工料皆精，制作严格，配方独特，一度成为福建及台、港、澳同胞婚庆的时兴聘礼，也是沿海渔民出海时的必备佳点。前人题云：

"暑天绿豆糕尤美，止渴充饥两有功。"

### 观我颐糕饼店

陈景鸥创设于清末。陈景鸥勤俭经营，生意有了很大发展，传至子侄。长子陈培基和次子陈伯奇分别在东街口和台江大桥头开设糕饼店，取招牌"观我颐"，抓住"猪油糕"这一老幼咸宜的食品，创出了"观我颐"的品牌，誉满省城。

↑ 谢万丰糕饼店账簿

### 二桥亭阿焕鸭面店

林阿焕创设于清光绪十三年（1887）。当时名气很大，座客常满，海外宾客也慕名而至，有诗赞云："邻居巧制像生花，阿焕独将鸭面夸。寄语老饕休错过，二桥亭畔第三家。"据说，国民政府主席林森回闽时想吃阿焕鸭面，还特地让随行副官派人买来品尝，传为佳话。

↑ 二桥亭旧照

### 木金肉丸老铺

姚木金创设于20世纪初。采用芋头、薯粉、猪肉、红枣、芝

↑ 木金肉丸老铺

↑ 同利肉燕老铺

↑ 永和鱼丸店

麻、红糖等为原料，所制肉丸色香味俱全，如琥珀，似玛瑙，气味芳香，风味独特，人见人爱。当时"木金肉丸真好吃"的市声传遍街巷。不少福州名厨、菜馆都向他们定购木金肉丸作为酒席点心。木金肉丸饮誉海内外，至今仍盛名不衰。

### 同利肉燕老铺

陈官燃创于清光绪二年（1876）。肉燕选用猪后腿的精肉，配以上好的番薯粉，制作精细，口感软润。肉燕圆头散尾，形同飞燕，其口感和形状均不同于馄饨。据传，萨镇冰曾为其题写"同德利后"匾，取店名为"同利"，意为"同德同心而利后人"。经过几代经营，同利肉燕声名远播，有"同利肉燕，百吃不厌"之说。

### 永和鱼丸店

刘必松（小名刘二弟）创始于20世纪30年代初。早先他在福州，挑担卖鱼丸，碗匙叮当声传遍街头巷尾，"鱼丸二"的大名逐渐被大家识熟。永和鱼丸是把鱼肉打成肉泥，中间包上肉馅，制作精良，味道鲜美，是福州有名的风味小吃。2008年，永和鱼丸制作技艺被列入福建省非物质文化遗产名录。

### 狮仔仔家厨店

陈榕珂创设于民国时期，源于其父陈狮仔的"调仙馆"家厨店。陈榕珂接手后，调整经营方式，声名愈显。他乐于承接大小酒席，且能满足群众需求。大拼盘"全家福"即其首创，盘中拼配五颜六色的菜肴，上面还用萝卜雕刻"吉祥"字样以及花鸟造型等，做到了食色生香。

### 碧兰亭蛎饼店

民国三十四年（1945），刘必庆、张文年合伙经营。蛎饼选料考究，香酥鲜美。俗话说，"芋粿吃角，蛎饼吃馅"，碧兰亭蛎饼馅中肉蛎各半，深受顾客欢迎，闻名城内外。

### 安泰楼酒家

创办于清光绪年间，因择地于唐时安泰凸桥畔，故名。安泰楼是福州风味小吃汇集地，品种齐全，特色独具。作为福州人熟悉的餐饮品牌，它不断弘扬、创新闽菜菜系，许多传统招牌菜名闻遐迩，引得市民及外地游客登门品尝。

↑ 安泰楼酒家

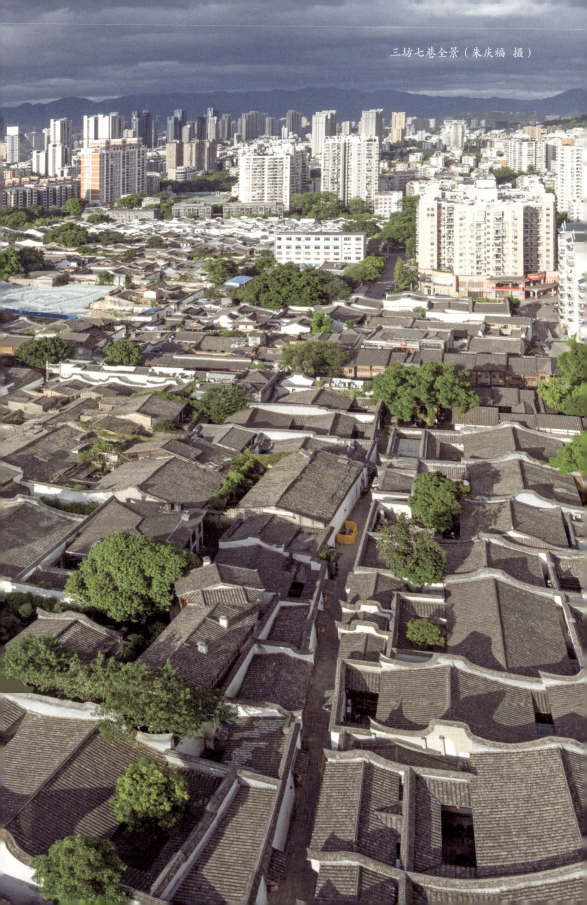

三坊七巷全景（朱庆福 摄）

# 附录

### 三山即事

[宋]龙昌期

苍烟巷陌青榕老，白露园林紫蔗甜。

百货随潮船入市，万家沽酒户垂帘。

### 福州

[宋]龙昌期

等闲田地多栽菊，是处人家爱读书。

饮宴直尝千户酒，盘餐唯候两潮鱼。

### 光禄吟台

[宋]程师孟

永日清阴喜独来，野僧题石作吟台。

无诗可比颜光禄，每忆登临却自回。

### 夜出过利涉门

[宋]曾巩

红纱笼烛照斜桥，复观翚飞入斗杓。

人在画船犹未睡，满堤明月一溪潮。

## 观灯

[宋]王子献

春灯绝胜百花芳，元夕纷华盛福唐。

银烛烧空排丽景，鳌山耸处现祥光。

管弦喧夜千秋岁，罗绮填街百和香。

欲识使君行乐意，姑循前哲事祈禳。

## 登光禄吟台

[明]陈朝锭

薛老峰前返照深，名山高绝敞云岑。

偶过光禄吟诗处，聊与高人说道心。

花影满庭香气散，凉飚吹树月华新。

王献最有探奇癖，何日重邀过竹林？

## 闽山祠避暑

[明]王应山

选胜当三伏，言过里社中。

山寒泉有白，林密日无红。

我辈能歌雪，神君数借风。

虽非河朔饮，不放酒杯空。

## 光禄吟台

[明]曹学佺

眼里闽山客，悠悠阅物华。

坊巷晨光（胡发秋 摄）

吟台悲宰木，古寺落人家。

玉尺仙岩曲，金绳觉路赊。

唯应薜萝月，几度照袈裟。

## 黄楼诗和萱林方伯

[清]陈寿祺

黄巷门庭忆德温，黄楼新构面梅轩。

但教地踵兰成宅，何事名争谢傅墩？

白社人开九老会，绿杨春接两家园。

买邻百万因公重，付与云仍细讨论。

## 双抛桥

[清]杨庆琛

栏楯纵横间发苗，参差交互耸双桥。

流从江海秋添浪，派合东西午会潮。

种树有枝联雁齿，环渠如带接龙腰。

奇踪可任频淤塞，疏浚何人利导遥？

## 黄巷

[清]杨庆琛

金蟆尚识真儒者，古巷流传姓系黄。

身入《闽川名士传》，地尊硕德善人乡。

三秋露采葭依水，十卷《雾居》笔有霜。

他日莆阳迁徙处，读书还占一椽香。

## 宫巷

[清]杨庆琛

拍肩把袂赋仙居，拱极楼前异笋舆。

园绮衣冠图洛社，金银宫阙梦华胥。

但凭善俗成仁里，自爱吾庐读我书。

秋景数峰塘半亩，此中容得老樵渔。

## 后街灯市

[清]黄春鳆

擘楮堆红斗巧纷，银花火树簇如云。

钟山月色杨桥水，点缀春光到十分。

## 榕城中秋拜塔

[清]廖毓英

金铃银烛影周遮，儿女宵分供果瓜。

争祝耶娘增福寿，舌尖齐卷妙莲花。

## 畏庐寄诗题匹园新楼次韵

[民国]陈衍

敢云隐几日看山，只拟千忙博一闲。

联扁分书已坡谷，画图传本待荆关。

谁知五柳孤松客，却住三坊七巷间。

循例吾家悬榻在，何妨上冢过家还。

## 朴学斋自记

[清]林佶

佶之从尧峰先生游也，先生赠诗云："区区朴学待君传，还乡勿厌专耕读。"窃以先生为慎许可，从游者众矣，未有相期如是之至者。顾信何人，敢承斯语？然以先生之训不可忘，乃请以"朴学"名斋。先生慨然属笔，然家初无所为斋也。先是，家君有光禄里第，乱后家毁，以其半赁人，仅余老屋三楹，间为读书娱息之所，书籍几案错列，客至不能布席；又家君杜门久，畏客甚，闻足音稍异，辄避匿去。而佶颇有文字交，不能无剥啄也。屋后旧有亭，东西受日，每视昝影迁移，不可居，乃拆去之，而改为两楹，南向，一轩一室，其宽广仅盈丈。既成之日，固取先生曩所书匾悬其上。

## 漾月池记

[清]郭柏苍

闽山一小壑，通于方池，周三丈许。光绪辛巳，于池北作闸，随意穿凿约三十丈，得九仙塔、威武军各古砖、磁字、古钱，年号至嘉定而止。柱础广三尺，两础相去者七丈，古甃重叠于潭石之上，非保福寺即法祥院殿宇，其毁于嘉定之后可知。凹池之隅，使水绕屋，独西北限于方井，不得快意，盖毁沁园之半，以其土为山也。高者种树，竹为多；低者种花，柳为多。北向连亘四丈，六楹俯水，为柳湄水榭。迤东三曲曰"蕉雨堂"，又三曲曰"偃月寮"；作桥于东，曰"东杠巡栏"。南行，一亭截然，颜为"勿屐"，游踪到此而止。春夏嫩柳拂堤，莺声在座，丛箐压岸，竹色侵衣。秋冬则水光浮日，林影荡漾于窗户之间。闽山百楹之室，得水者止此。老不出户，目之所至限于足，足之所至限于地。穿池以悦目，众以为侈，吾以为约。敛嗜好于丘壑，聚亲故于岁时，约乎？侈乎？老不出户，是以致之。独怪龟、鱼水中物，何以亦争此区区之新异，若忘身外之有宏流巨涨，而求食于一勺之地，吾恐龟、鱼之性不在是。幸吾作闸，水之蓄泄，吾得而主之，龟、鱼将以此一勺者，相处于无尽之际矣，吾又为龟、鱼慰焉。

有时蝉声在树，徐而蛙声在水，笛声在楼。或微风淡月，致群动作态，万象澄影，使吾心怀千里，或悲来，或笑止。以吾之涉江蹈海、凌犯风涛，何以亦争此区区之新异，是岂吾之性耶？老不出户，是以致之，又谁为吾慰乎？保福寺废而为法祥院，法祥院毁而居人增高为屋。今高者下之，下者高之，欲求保福寺、法祥院于沁园、漾月池之中，其可得乎？独惜方井迫池，气泄于外。呜呼！井耶，济人不足，自处有余，知天顺人，井其寂然与池相倚，小大忘形乎？

## 匹园记

[民国]陈衍

屋于吾会城光禄、文儒、衣锦三坊间。将于所屋外，斥余地多蒔杂花木，小构亭馆，则四邻皆强有力者，而何斥之可言？此吾匹园之所以搘捂而乃辟也。吾以中岁奔走四方，无往不与先室人偕，劳苦三十年，日思弛其负担。室人尝言：愿筑楼数楹，竹梧立后，花树仰前。既营一楼，具体而小，众花陵于高树，不能自存者一桃三棠；独老梅倔强与抗，余皆日瘠。乃于正屋后院伐一巨桑、一谏果，夷东西二厢，坏三仞横墙七丈，后直墙丈余，东边墙三丈，又东横墙一丈，积土千余担，成数小阜。夷横墙外厨房、杂屋数间，割偏东地徙焉，锯正屋后檐，深五尺，广七丈，退其户牖，以展南址。于是有地东西宽七丈，南北深，偏西三丈有六尺，偏东绌八尺。墙其东南，西北则旧，门其尽南西面。盖全形扁方，而东北缺其角，东南呀其口，逼肖"匹"字焉。乃位一楼于西北隅，西南隅位以小榭，东北隅位以露台，其下室焉。偏东则廊，南行抵门。台与楼复道属焉。隙地则遍种花木。噫！斯楼成，先室人已亡十有一年，余为匹夫久矣！前六年营葬先室人于梅亭之文笔山，坟地横九丈有奇，直六丈有奇，山径从右入，亦具匹形。匹夫卧楼上，匹妇长卧地下，所谓鳏寡而无告者也。不以匹名吾园而何名邪！

↓ 三坊七巷夜景（吴丽娜 摄）

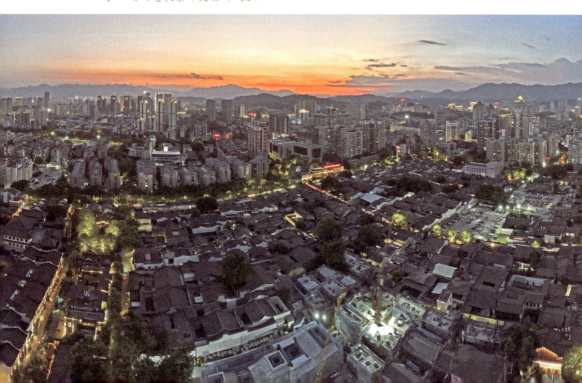

# 后 记

　　福州作为历史文化名城底蕴深厚，名人辈出，三坊七巷历史文化街区是一张亮丽名片，凸显了这座城市的底蕴和特色。这片区域较好地保存了唐宋坊巷格局，保留着许多明清古建筑。习近平总书记指出："历史文化是城市的灵魂，要像爱惜自己的生命一样保护城市历史文化遗产。"近年来，福州市委、市政府对这片区域精心保护，深入发掘并宣传街区历史文化，使之声名远扬。

　　三坊七巷文化内容丰富，坊巷中建筑使游人流连，历史名人故事更值追慕。三坊七巷中深沉的文化内涵需要不断挖掘，许多文化现象还应当深入研究，比如本书所提到的"闽山庙会文化"、"诗社联吟"活动及曾经的南后街书肆等。为此，福建省民间文艺家协

三坊七巷木棉花（胡发秋 摄）

会策划编写《中国历史文化名街·福建三坊七巷》一书，相信此书
出版，除了为三坊七巷存史留影外，还为广大读者提供了通俗易懂
的"读本"，也为进一步研究与宣传三坊七巷提供新的思路。编写
过程中，我们参考大量史志文献及有关书籍；为了解古厝的建筑规
制及保护现状，作者联系福州古厝集团进行多次实地调研、走访，
采访故居的原住民和福州文史、民俗专家等，力求所描述内容翔实
准确。在书稿撰写中，力求兼具史实性与可读性。

　　本书框架设计由福州市政协文史委编辑陈常飞拟定，经福建省
民文协曾章团、吴维敏、卢为峰等人讨论、研究后确定。全书分为
"三坊名居""七巷名居""坊巷世家""南后街民俗"" 南后
街书肆""坊巷百态"六章，勾勒三坊七巷历史，大体反映了该区
域建筑文化、名人文化、民俗文化和传统技艺。坊巷中的世家大族
闻名于世，本书首次将其依类排列，简述其人物事迹、事业成就及
历史影响。

↓ 三坊七巷全景（朱庆福 摄）

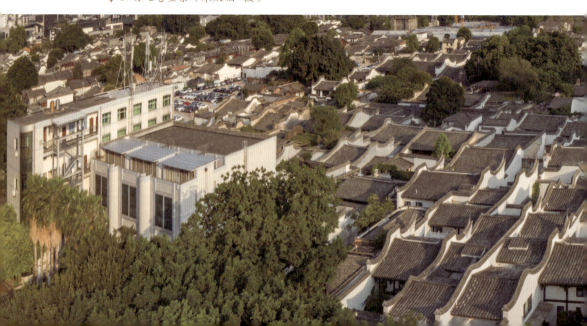

　　全书内容由陈常飞负责编撰。"岁时节俗"一节由闽籍作家陈碧提供部分材料；"市井风味"一节由福州市政协文史馆刘洪哲提供材料；附录"诗文"由卢为峰供稿。在前期准备工作中，鼓楼区作协江榕参与实地调研、走访，并整理相关资料。郑子端、朱庆福、潘登、陈景芳、魏定椰、连天雄等为本书提供图照，令书籍生色。福建省文史研究馆原馆长卢美松、福建省美术出版社审编室主任卢为峰、福建师范大学徐心希教授、福州辛亥革命纪念馆首任馆长李厚威等在百忙中审阅稿件。知识产权出版社编辑为本书付出很多心血。福建省民间文艺家协会领导始终关心、支持本书出版工作。今值付梓之际，一并致以谢忱。

　　由于时间仓促，错漏难免，敬请读者原宥、教正。

陈常飞

2022年12月

**图书在版编目（CIP）数据**

中国历史文化名街. 福建三坊七巷／中国民间文艺家协会组织编写；潘鲁生，邱运华总主编. —北京：知识产权出版社，2023.3

（中国历史文化名城·名镇·名村丛书）

ISBN 978-7-5130-8519-9

Ⅰ.①中… Ⅱ.①中…②潘…③邱… Ⅲ.①乡村—概况—福建 Ⅳ.①K928.5

中国版本图书馆 CIP 数据核字（2022）第 240318 号

责任编辑：宋 云 王颖超      责任校对：王 岩
装帧设计：研美文化      责任印制：刘译文

中国历史文化名城·名镇·名村丛书
**中国历史文化名街·福建三坊七巷**
中国民间文艺家协会 组织编写
总 主 编 潘鲁生 邱运华
本卷主编 曾章团 吴维敏 卢为峰

| | | | |
|---|---|---|---|
| 出版发行： | 知识产权出版社 有限责任公司 | 网 址： | http：//www.ipph.cn |
| 社 址： | 北京市海淀区气象路 50 号院 | 邮 编： | 100081 |
| 责编电话： | 010-82000860 转 8388 | 责编邮箱： | songyun@cnipr.com |
| 发行电话： | 010-82000860 转 8101/8102 | 发行传真： | 010-82000893/82005070/82000270 |
| 印 刷： | 天津市银博印刷集团有限公司 | 经 销： | 新华书店、各大网上书店及相关专业书店 |
| 开 本： | 720mm×1000mm 1/16 | 印 张： | 13.5 |
| 版 次： | 2023 年 3 月第 1 版 | 印 次： | 2023 年 3 月第 1 次印刷 |
| 字 数： | 150 千字 | 定 价： | 80.00 元 |

ISBN 978-7-5130-8519-9